做一个
内心强大
有出息的
男孩

许晶———著

台海出版社

图书在版编目（CIP）数据

做一个内心强大有出息的男孩 ／ 许晶著. —— 北京 ：
台海出版社，2024. 11. —— ISBN 978-7-5168-3997-3

Ⅰ. G78

中国国家版本馆CIP数据核字第2024405KC1号

做一个内心强大有出息的男孩

著　　者：许　晶

责任编辑：曹任云　　　　　　封面设计：尧丽设计

出版发行：台海出版社

地　　址：北京市东城区景山东街20号　　邮政编码：100009

电　　话：010-64041652（发行，邮购）

传　　真：010-84045799（总编室）

网　　址：www.taimeng.org.cn/thcbs/default.htm

E-mail：thcbs@126.com

经　　销：全国各地新华书店

印　　刷：永清县晔盛亚胶印有限公司

本书如有破损、缺页、装订错误，请与本社联系调换

开　　本：710毫米×1000毫米　　　　1/16

字　　数：195千字　　　　　　　印　　张：13

版　　次：2024年11月第1版　　　　印　　次：2024年11月第1次印刷

书　　号：ISBN 978-7-5168-3997-3

定　　价：59.80元

前 言

摧毁一个男孩的七种办法

《做一个内心强大有出息的男孩》是写给男孩家长的一本书。您可以在男孩刚出生的时候把这本书带回家，它将告诉您关于男孩成长的秘密。不过，即便是您的孩子已经步入青春期，翻开这本书也不算晚，它也能告诉您如何与小男子汉正确地相处，如何给正在积极寻找自我的小伙子积极正面的引导与影响。

本书将从男孩特殊的大脑结构谈起，深入探寻男孩子的成长密码，让您学会真正认识、影响、陪伴您的儿子。但是，在正式进入本书主题之前，我们希望把"丑话"说到前头，谈一谈摧毁一个男孩的七种办法。

摧毁一个男孩的第一种办法：试图通过喋喋不休的说教改变他。

如果您是9岁以上男孩的家长，相信您一定已经发现了这种现象——当您喋喋不休的时候，他总是左耳进右耳出。其实这还算好的，还有的男孩子，当您反复叮嘱三次之后，他已经开始焦躁甚至愤怒了。

这难道是男孩的性格使然？不是的，其实这与男孩子的大脑构造有关系——男孩子的大脑天生不太善于处理语言信息，因此过度的语言教育对于他而言无异于"信息轰炸"，这会让他产生强烈的负面情绪，并很可能影响他的性格发展。所以，在教育男孩的过程中，家长不要太执迷于"嘴上功夫"。

摧毁一个男孩的第二种办法：替他做所有事。

在体验中学习，是男孩成长过程中最重要的进步阶梯。所以，父母如果什么事情都替他做，看起来是爱他，实际上等于剥夺了他的成长体验。还是那句话，养育男孩子要有爱，但不要溺爱。

摧毁一个男孩的第三种办法：从来不夸奖他。

不被夸奖的男孩是可悲的，他不知道自己身上所具备的潜力，也无法拥有真正的自信。更可怕的是，他似乎不会自我欣赏，更容易陷入过度的自我怀疑。未来，他可能会成为一个自我贬低、自我放逐的"可怜虫"。

摧毁一个男孩的第四种办法：从来不批评他。

男孩当然会犯错。小时候犯下了小错误，您没有批评、没有追责，等他长大了犯下大错，您再去批评、追责，要么效果不佳，要么让他无法承受，那个时候，"批评"或许会引发更大的悲剧。

摧毁一个男孩的第五种办法：对他没有要求。

作为父母，最大的仁慈就是在男孩力所能及的地方要求他，让他通过达到父母的要求，获得男子汉的尊严。所以，父母要给孩子自由，但是也要明白一个道理：自由不等于放纵，更不等于没有要求。

摧毁一个男孩的第六种办法：剥夺男孩的竞争天性。

男孩天生喜欢竞争，他在竞争中掌握批判性思维，也因此拥有了自我批判的能力。或许，很多孩子间的竞争在家长看来属于"瞎折腾"，但是您永远不要低估这种从小养成的竞争性思维，因为它将伴随孩子一生，让他不断追求卓越。

摧毁一个男孩的第七种办法："消灭"他的理性思维。

最愚蠢的家长，就是当孩子尝试和您讲道理的时候，您却告诉他："我吃过的米比你吃过的盐还多"；当孩子试图和您谈是非的时候，您却警告他："小孩子懂什么？听我的就行了！"对于男孩而言，理性思维是最宝贵的财富，而且没有人天生具有理性，所有的理性都是从小到大一点一滴培育出来的。所以，不要以为孩子不需要理性，更不能打压孩子理性崛起时那萌发出来的一点点嫩芽。

教育男孩难，难在摧毁他们要比塑造他们容易太多，所以，男孩的家长首先要避开可能摧毁男孩的这些"陷阱"，然后再去学习成就男孩的方法。恰巧，这两样东西，您在本书中都能找到。

孕育一个生命不容易，然而把一个小生命培养成内心强大、有出息的独立个体，更是一项庞大的系统工程。我们应该把为人父母视为一项专业化程度很高的职业，不断学习与提升自己，然后再"上岗"。通过阅读本书，我们将为您打开"父母职业培训"的一扇门。

目 录

Chapter 03

先有好家庭，后有好教育

男孩身上的所有特点，都带有原生家庭教育的烙印。一个积极健康的家庭，是孩子攫取精神财富的金矿；而一个消极不健康的家庭，则会给孩子留下需要用一生去治愈的伤疤。父母想要教育好自己的孩子，必须先经营好自己的家庭，给孩子营造一个幸福而又温暖的生活环境。

Chapter 04

男孩因自信而强大，因强大更自信

男孩的自信，来自他们的力量感。当他们能够感受到自己身上的能量，并且恰当地使用自身能量时，自信便会源源不断地迸发出来。作为家长，我们需要帮助孩子认识他们自己的非凡之处，也需要引导他们朝着自己所擅长的领域一路飞奔，最终培养出自信且不自负的真正男子汉。

Chapter 05 容易被忽视的男性力量——情绪稳定

男孩的成长是漫长而曲折的过程，其间伴随着不同年龄段所面临的生理和心理的压力。当压力比较大时，男孩的情绪就会出现波动，受到一些不良情绪的侵扰。如果他们能够控制自己的情绪，成为情绪的主人，便会拥有强大的力量。反之，如果他们最终被情绪所支配，那么不受控制的情绪就会极大地分散他们的精力，浪费他们的能量，甚至可能导致身体和心理受损。

Chapter 06 打破依赖，告别被动，赢得"主动权"

依偎在妈妈怀里的男孩子永远长不大，不懂得主动伸手与命运角力的男人永远不会成功。要从小培养男孩的主观能动性，使他们成为在任何时候都能掌握主动的人。

Chapter 07

让男孩受点儿累

没有体验过体能极限的人，不会真正了解自己的韧性；不曾尝试突破能力极限的人，也无法逼迫自己发挥最大的潜力。男孩的意志力，是用汗水浇灌成的，男孩的精神力，是在每一个咬牙坚持的瞬间得到提升的。所以，让男孩受点儿累吧。

让他们适当接受一些"吃苦教育"，以此来培养他们的劳动能力、自食其力能力以及独立自主的精神。

Chapter 08

男孩的"命令与征服"

男孩的心中，那份与生俱来的好胜心与征服欲，如同初升朝阳般炽热而明亮。他们渴望在每一次挑战中证明自己，这种好胜心，促使他们勇于面对失败，从每一次跌倒中吸取经验，再次站起；而征服欲，则驱使他们不断探索未知，攀登一座又一座高峰。在追求卓越的道路上，男孩用汗水书写青春，以坚韧不拔的意志，将梦想一步步变为现实。

Chapter 01

读懂男孩大脑的"专属密码"

养育男孩与养育女孩大不相同，主要是因为男孩大脑与女孩大脑存在着非常大的差异。人的性格、思维都取决于大脑，所以，父母如果不能搞明白男孩大脑的特点，就很难对其进行有针对性的教育；父母如果能充分认识男孩大脑的"专属密码"，就可以让这种教育变得事半功倍。

男孩女孩，大脑大不相同

男孩喜欢刀枪剑戟，女孩喜欢娃娃、布偶；

男孩喜欢打打闹闹，女孩喜欢过家家、做游戏；

……

关于这些现象，作为家长的你，有没有思考过一个问题：不同性别的孩子，表现出来的不同喜好，到底是被父母"塑造"出来的，还是他们自己的"选择"？

有很多父母认为，不同性别的孩子之所以有不同的喜好、不同的性格，主要是源于环境给他们的"心理暗示"。比如，男孩从小就被教育要"坚强"，女孩从小就被要求要"恬静"。家长总是给男孩买一些汽车、枪等玩具，而给女孩买一些布偶之类的玩具。在家长不断地教育和强化之下，男孩女孩形成了各自不同的性格和爱好。

这个说法听起来有点道理，但是，大脑科学却给出了不同的答案。研究表明，从胎儿时期开始，男孩和女孩的大脑就呈现出了极大的差别。其中最大的一个差别是——男孩的大脑要比女孩的发育得更慢一些。

这会造成一个怎样的结果呢？答案就是，女孩大脑的左半球和右半球从一开始就比较紧密地联系在一起，而男孩大脑的左半球和右半球的联系没有那么紧密。所以，女孩思考某些问题的时候，两个大脑半球同时运转，而男孩则更喜欢用大脑的一侧半球思考问题。

男孩女孩都是怎样思考问题的

在婴幼儿阶段，男孩显得比女孩"笨一些"。比如6岁之前，同年龄段的男孩总是要比女孩慢半拍：女孩已经会拿起画笔画简笔画了，男孩却连笔都拿不好；女孩可以用剪刀剪纸了，男孩却依然无法妥当地指挥自己的双手控制剪刀……

另外，由于男孩负责控制语言的那一部分大脑与负责感官的那一部分大脑联系不够紧密，所以显得有点笨嘴拙舌，不像同年龄段的女孩那样，能够更好地用语言表达自己的情感。事实上，男孩和女孩的这一差异将一直持续到成年之后：有研究表明，女性大脑中负责语言的区域要比男孩大20%~30%。

说到这里，有些男孩的家长可能有点不高兴了，他们会说："你的意思是男孩的智商没有女孩高吗？"当然不是。正所谓凡事都有两面性，女孩的大脑发育速度比男孩快，在某些方面也确实比男孩更加早熟一些，但"大脑发育慢、左右脑联系不紧密"也不完全是坏事儿，也会带来一些好的结果，比如说，想象力更丰富、行动力更强。

由于男孩经常用单侧大脑进行思考，所以那部分大脑会被锻炼得更加强大，而这部分大脑所对应的功能区主要负责发散性思维和创造性思维，所以，男孩的思维更活跃，更天马行空，进而导致他们的行动力更强，更喜欢创新与探索。

两个特点综合到一起就勾勒出了男孩的一些典型特点——想法多、能折腾，但又有些情绪化，笨手笨脚地胡搞了一大堆不知所以然的东西出来。

你家的男孩，是不是这样？

还有一点，是男孩家长特别需要清楚明白的。由于男孩大脑左右两边的半球联系不是特别紧密，所以男孩的大脑若是受到损伤，容易产生更加严重的后果。而男孩子喜欢上蹿下跳，所以父母一定要注意保护好他们的头部。

专家告诉你

事实上，由于男孩与女孩的大脑发育情况和大脑结构有许多不同之处，"长处"不同，所以他们的成长轨迹也会有很大的不同。比如说，女孩大脑中的语言区域发育比较早，而语言又代表着"人与人的联系"，所以在儿童时期女孩对于人际关系的领悟能力比较强——她们会主动琢磨别人的情绪，猜测他人的想法、喜好，尤其是揣摩和观察父母的情绪与想法，所以人们常说女孩是父母的"贴心小棉袄"。

在这方面，男孩就显得比较晚熟。对于小男孩来说，与人打交道所带来的乐趣，完全比不上乐高积木、玩具汽车所带来的乐趣。所以，与男孩沟通最好的方式就是和他们一起玩，通过玩来寻找共同语言，然后再把话题转移到我们想要聊的事情或是想教会他们的东西上。

千万不要破坏了男孩的专注力！

有些家长喜欢在男孩专心致志玩玩具的时候，说："嗨，××你过来一下，我有事儿和你谈！"这样做的效果一定非常差，因为当父母打断男孩"兴趣点"时，他们的负面情绪就已经被"点燃"了，在这种情况下，还怎么能指望他们和父母好好说话呢？

除此之外，家长还要知道一件事情，即孩子把注意力集中起来是非常不容易的，需要通过不断训练才能做到。

当他们专心致志地做某件事的时候，其实也相当于投入一场"注意力训练"之中，这个时候去打断他们，就等于在破坏他们的注意力，久而久之，男孩的注意力会越来越差。而当一个男孩失去了专注力，那将是一件非常可怕的事情，他将失去专研一件事的能力，甚至失去在某个领域做出非凡成就的机会。这样一来，平庸将可能伴随他一生。

男孩的竞争性与攻击性

在教育男孩的过程中，有一个很大的悖论——家长既想消灭男孩的攻击性，又想培养男孩的竞争性。

竞争性和攻击性是一回事儿吗？对于大人而言可能不是，因为大人已经有足够的理性将二者区别开来，但是对于孩子而言，两者就是一回事，他们很容易把二者混为一谈。因此，家长千万不要在帮助孩子抑制攻击性的同时，把他们的竞争性也顺手"磨灭"了。

专家告诉你

从心理学角度来说，攻击性和竞争性这两个词语，其实不太适合放到一起来说，因为两者根本不在一个"维度"上。换句话说，竞争性是攻击性的一种表现，攻击性可以表现为竞争性。这就类似于"数字和质数"的关系，数字包含质数，质数属于数字。即攻击性包含了竞争性，竞争性属于攻击性。

一些心理学家认为，攻击性是人的内在动力之一，它的表现形式可以是语言攻击、肢体攻击、情绪攻击，也可以是良性竞争、竞技意识。其实这一点都不难理解，我们可以想一想：身边那些特别要强、好胜的人，他们是不是都比较热血，喜好争斗？只不过，有的人喜欢在学习成绩、家庭事业上竞争，有的人则喜欢在力量、排面、情绪上竞争。从出发点来说，这两种竞争都源于攻击性，只是表现形式不同、针对对象不同、希望达成的目标也不同。

男孩的攻击性 ！

在攻击性这件事情上，男孩显得比女孩要强很多。男女之间之所以会有这样的差异，很可能与身体中的睾酮含量有关系。

睾酮是一种激素，它会刺激人的大脑，让人产生攻击性。在胎儿时期，男孩身体中的睾酮含量就明显超过女孩，出生之后，男孩会迎来两个"睾酮大爆发"时期：一是在5个月左右，男孩体内的睾酮含量会比女孩高出许多；二是进入青春期之后，男孩体内的睾酮水平迅速上升，之后男孩生殖器官开始发育成熟，出现第二性征。因为男孩体内的睾酮含量比女孩多，所以大多数男孩的攻击性天生就比女孩强。这一点相信大多数父母都有所体会——小姑娘总是安安静静的，男孩子却总是惹事，咋咋呼呼还非常顽劣。

因为体内的睾酮发挥作用，男孩的攻击性显得格外强，但是因为年龄小，心智不成熟，他们不能分辨哪些攻击行为是有益的，哪些攻击行为是有害的，所以就会表现出比较爱惹事儿。这个时候，家长要做的是将孩子的攻击行为向着积极、有益的方向引导，而不是直接"扑灭"他们的攻击行为。

比如，同样是语言上的攻击行为，如果孩子以摆事实、讲道理的方式来进行，那叫"辩论"，而当他们胡搅蛮缠、喋喋不休的时候，那就叫"斗嘴"。从本质上来讲，辩论和斗嘴都属于言语攻击，但是因为方式不同，行为的性质也发生了变化。那么，有的孩子喜欢辩论，有的孩子则喜欢斗嘴，这种差别是与生俱来的吗？显然不是，这种差别是源于后天的培养和教育。父母需要明白：教育孩子的目的不是抹杀他们某个方面的天性，而是教会他们用合适的方法来表达自己的天性。在攻击性这件事情上也是如此。所以父母不要抹杀孩子与生俱来的攻击性，而是应该好好地引导他们，把那些攻击性引导到有益的地方。

姓名：子涵

身份：幼儿园小朋友

困扰：玩的时候总是喜欢动手推搡小伙伴

结果：爸爸带他去踢足球，释放他过多的多巴胺

子涵的父母最近比较发愁，因为子涵和小朋友玩的时候总是喜欢"动手动脚"。如果与小朋友产生争执或冲突，子涵很喜欢动手，或是推人家一下，或是打人家一下。不仅如此，就连玩得高兴的时候，子涵也喜欢推搡小伙伴。所以，子涵父母收到了许多小朋友父母的投诉。

为了帮助子涵改掉这个坏习惯，他们屡次批评子涵："以后你不许推搡和打别的小朋友，也不许与别的小朋友吵架！"从那之后，每次看到子涵和其他小朋友产生肢体或语言上的冲突，父母二话不说，上前就把子涵带走，并且还要训斥上几句。

过了一段时间之后，子涵喜欢动手动脚的毛病确实大为改观。但与此同时，父母也发现一个现象——在社交活动中，子涵似乎有点缩手缩脚、不知所措了，再也不像从前那样活泼外向，反倒显得有些内向胆怯。

子涵的父母认为孩子之所以会出现这样的状态，可能与自己"一刀切"的教育方式有很大关系。为了挽回不良后果，子涵的父亲想出一个办法：刻意带子涵去参加一些带有身体对抗性的运动。比如打篮球、踢足球等。最初子涵还是显得畏首畏尾，不敢做一些大胆的动作。爸爸问子涵："你为什么放不开？"

子涵小心翼翼地说："爸爸妈妈和我说过，不能与别的小朋友推推搡搡。"

子涵爸爸哭笑不得，只好解释说："任何事情都要看场合，你和小朋友们玩耍

的时候，需要和和气气、不能轻易动手打人或推搡别人；但是当你到了运动场上，就需要与其他人竞争。在这些竞技性的运动场合，只要不破坏规则，有一些身体的接触是很正常的事。"

子涵听了爸爸的话之后，果然放开了许多。可能是因为子涵本来就喜欢竞争，所以对于体育运动的热情越来越高，不仅在赛场上全情投入，平时也会非常认真地练球。很快，他踢足球的水平就超过了别人，成了赛场上的足球小明星。与此同时，子涵父母还发现了一个令人惊喜的现象：子涵变得越来越自信，即便在赛场之下，也能够很从容地与小朋友们接触，比其他小朋友更有竞争意识。

给父母的建议

1 及时发现自己的错误，采用正确的教育方式

作为家长，我们应该向子涵的父母学习。子涵的父母对于子涵的教育，是从错误教育走向正确教育的过程。或许他们并没有清楚地认识到"攻击性心理"的原理，但还是很快发现了"攻击性不见得全是坏处"这个基本道理，然后通过及时适当的引导，把孩子的攻击性引向了正确的方向。

❷ 利用体育活动，释放男孩子的攻击性

子涵的父母有一件事情做得非常正确，就是把体育竞技带入子涵的生活中。对于男孩子而言，体育竞技实际上是一个非常好的释放他们内心攻击性的方法。参与体育竞技，不仅可以释放孩子的攻击性，同时也可以让他们拥有规则意识。不管到什么时候，培养规则意识都可以帮助孩子充分了解"什么时候要竞争、用什么方式竞争"，并且不会把自己的竞争性用到错误的地方。

另外，体育竞技还有一个好处，那就是可以让男孩子多"受点罪"。很多男孩子自出生起就生活得太过安逸，而身体上的安逸对于孩子的成长是不利的。首先，如果缺乏锻炼，很容易导致孩子身体羸弱；其次，身体的耐力和性格中的意志力紧密相关，也就是说，让孩子身体上受苦，不仅可以练就孩子的体格，而且能锻炼他们的意志力。

一个有"攻击性"的男孩子，如果通过体育锻炼的方式把攻击性释放出来，就可以让其意志力更加坚强，在之后变得更执着，更有耐力。在男孩的成长中，这些都是需要着力培养的好品质。

所以，家长们，不要再把"攻击性"妖魔化。攻击性，实际上是人类生存的一个重要本能。只要我们把孩子的攻击性引导到正确的地方，不让心理学意义上的攻击性转变为社会学意义上的攻击行为，那么拥有攻击性的孩子，就能成为更有竞争力的人。

可怕的情绪男孩

不管是男孩还是男人，内心强大都有一个共同表现——情绪稳定。这里的稳定不是指情绪变化少，而是指情绪起伏波动的幅度较小。

情绪对人的影响，可能比我们想象的还要大。它不仅影响着我们的心理感受和行为模式，而且会对大脑构造造成实实在在的影响。

通过核磁共振我们可以发现，患有抑郁症的病人，大脑的活化程度只有常人的四分之一。在遭遇或经历一些大的灾难后，在一个月内人们的大脑会发生一些负面变化，尤其是主宰情绪、记忆的大脑区域，变化非常明显。

对于孩子而言，负面情绪给大脑造成的影响就更大了。我们知道，新生儿的大脑中拥有超过2000亿个脑细胞，但是孩子的脑细胞之间缺乏有效的联系。这带来一个比较糟糕的结果——儿童大脑中负责理性和感性的区域不能很好地沟通，所以儿童很难在理性和感性之间自如地切换。

说得直白一些，当孩子开始闹情绪的时候，负责感性的那部分大脑区域会主宰他们的言行，而负责理性的那部分大脑区域根本就没有办法从感性大脑的手中夺回控制权。这就造成了一个很糟糕的现象——不管这个男孩平时多懂事儿、多讲道理，一旦他闹起情绪来，就很难被说服。因为，这个时候他已经基本丧失了理性。同样，孩子兴奋的时候父母也很难让他平静下来。

所以，当孩子出现负面情绪之后，这种情绪会迅速蔓延，对他们造成一些负面影响。其中，男孩的情况更加糟糕。我们之前说过，与女孩相比，男孩的大脑发育得更慢，大脑区域之间缺乏联系，这就导致了男孩的情绪更加容易失控，更容易失去理性。据统计，在患有儿童抑郁症、暴躁症等心理疾病的孩子中，男孩的数量远远超过女孩。

想让男孩获得稳定的情绪，家长需要记住以下两个原则：

一、不讲道理原则

正如我们之前所说，当孩子的坏情绪上来之后，大脑的感性区域变得异常活跃，而理性区域则暂时"休眠"了。因此，这个时候，给他们讲大道理无异于白白浪费时间。我们需要做的是——在孩子的大脑中构建积极情绪，以此来"覆盖"他们的消极情绪。

二、"先顾自己，后顾孩子"原则

大多数情况下，家长都要做到先顾孩子，后顾自己，但是在情绪问题上，家长要反其道而行之，尽量做到先顾自己，后顾孩子。

想要让孩子获得稳定的情绪，家长首先要稳定自己的情绪。

由于男孩的攻击性比较强，叛逆心也比较严重，所以男孩和家长时常发生矛盾冲突。如果双方的情绪都开始高涨的时候，家长千万不能放任自己的情绪恶化，对着孩子大吼大叫，甚至粗暴地命令孩子："你给我消停一点！"

我们都知道，情绪是可以传染的，儿童尤其属于"易感人群"。儿童能够敏锐地捕捉到来自父母的坏情绪，并且复制它。事实上，生活中那些情绪不稳定的儿童，十有八九来自情绪不稳定的家庭，这种家庭有一个或两个情绪不稳定的家长。

另外，如果父母情绪不稳定，孩子就会处于巨大的情绪压力之下。科学研究表明，如果孩子常年生活在情绪压力比较大的环境中，他们的大脑会分泌出过高的压力荷尔蒙，这种压力荷尔蒙会破坏孩子的注意力和学习能力。

所以说，从第一天当爸爸或妈妈那一刻起，我们就要把孩子当成镜子。如果发现孩子的某些性格特征、情绪反应不是我们所喜欢的，那么需要明白，这不是孩子的问题，而是我们自己的问题。如果我们发现家里的男孩出现情绪化时，首先要做的不是教育他们，而是反思自己。

帮助孩子更好地控制情绪 ！

周末，思涵的爸爸答应带他到郊区的农业园采摘草莓，但是计划永远赶不上变化，思涵爸爸突然接到单位的临时任务，需要加班处理一些事情。思涵爸爸只好抱歉地对思涵说："孩子，不好意思，这个周末我们不能去农业园了，因为爸爸要加班……"

话还没说完，思涵就"炸毛"了。他大喊大叫着说："爸爸说话不算数，我就要去采摘草莓！"

思涵爸爸说："可是爸爸要去工作挣钱，这样你才有钱花。"

思涵哪管那么多，继续大喊大叫，说："我不花钱，我就要去摘草莓！"

思涵爸爸说："可是去摘草莓也得花钱啊。"

思涵说："我不管，我不管，我就要去。"

思涵爸爸虽然内心有点愧疚，但是见孩子"这么不懂事"，也有些生气。他严肃地说："你怎么这么不懂事儿，我不挣钱你吃啥？我不挣钱你喝啥？没吃没喝你还玩啥？"

而此时的思涵情绪早就已经爆炸了，开始满地打滚儿，大哭大闹起来。

思涵爸爸之所以与思涵沟通失败，就是因为他在孩子情绪已然失控的时候，还在试图与孩子讲大道理。其实这个时候最恰当的处理方式，应该是先消除孩子的负面情绪，让他冷静下来。我们可以通过情绪转移的方式来解决问题。比如，当孩子知道周末不能去农业园而开始大发雷霆的时候，不要解释为什么不能去，而是反问他："你去农业园最想干什么？"孩子可能会说想摘草莓，或是想和小朋友玩。这个时候再告诉他，等到下周末一定带他去，摘更多草莓，或者和小朋友们玩个够。

当然，孩子可能没那么容易"糊弄"，还会执意要求这周末就去。这个时候，我们就要为自己的"失信行为"付出一些代价了。可以告诉他："下周末我不仅会带你去农业园，还可以给你买一件最喜欢的玩具。"然后问他想要什么玩具，为什么喜欢这个玩具，等等。

这种交流方式，表面上看只是一个岔开话题的"小手段"，但实际上我们的目标不是岔开话题，而是平息孩子的情绪，用正面的情绪取代孩子的负面情绪，帮助他们走出情绪的怪圈。

当然，父母的"失信行为"越少发生越好，因为这种"失信行为"会消磨孩子的信任感，不管我们采用什么样的处理方法，都可能对亲子关系造成一定的损害。

给父母的建议

为了让男孩更好地控制自己的情绪，家长应该做到两件事：

❶ 帮他们找出坏情绪的源头

男孩的所有负面情绪，到最后都会转化成愤怒情绪：被吓到了，愤怒！被气到了，愤怒！甚至害羞到最后，也表现为愤怒。当男孩愤怒的时候，家长不要总是说："你怎么又生气了！"而是要帮助和引导他们寻找负面情绪的来源。比如，当孩子因为没有得到一个玩具而号啕大哭时，不要说："不给你买东西你就恼了？"而是问他："你现在是不是很失望？"如此一来，男孩就会把愤怒和失望这两种情绪区别开来，逐渐降低遇事则怒的频率，获得稳定情绪。

❷ 多一些耐心，不要拔苗助长

在很多家长心目中，自己的儿子应该是天底下最聪明的，但是到了现实生活中他们可能连十以内的加减法都算不明白，写个作文前言不搭后语。所以，这些家长会因此无比失望，甚至想要拔苗助长。

这个时候，不管家长嘴上说什么，这种失望的情绪都很容易被男孩捕捉到。当他们发现自己最爱的人对自己感到失望的时候，就会感受到无比巨大的压力，因而导致负面情绪的滋生。

所以，对于男孩，家长要多一点耐心，同时还要收起一些不切实际的幻想。毕竟，就算是天才，也是要一步步成长的。

为什么男孩更需要"格物致知"？

男孩大脑中负责语言的那部分的发达程度，要比女孩弱很多。在女孩大脑中，有两个专门负责语言的区域，这两个区域加起来比男孩大脑中负责语言的区域要大20%~30%。所以，在语言能力上，男孩普遍要比女孩弱一点儿。

也就是说，在教育男孩的过程中，身教的作用要大于言传。所谓身教，用一种时髦的说法，那就是"体验式的学习"，这是一种通过"格物"来"致知"的教育方式。简而言之，与其让男孩听，不如让他们去做。因为男孩的行动力比较强，所以在做事或是体验的时候更容易集中注意力，并"学以致用"。

因此，蒙台梭利的一句话特别适合送给男孩子——

你听见了，就忘记了。

你看见了，就记住了。

你做了，就理解了。

另外，家长应该知道：体验是男孩认识世界、了解世界的最好方式。有这样一句话："看过世界的孩子更强大。"这里的"看过"，不是指走马观花式的浏览，而是指走出家门、投入深度的体验和学习当中。

说到体验式学习，很多家长把重点放到学习上，恨不得带孩子出门转一圈，就让孩子写出《徐霞客游记》，或是带孩子到植物园玩两个小时，就让孩子变成植物学家。这是不对的。很显然，体验式学习的重点，应该是体验二字。

一般来讲，大多数男孩都比较热衷于体验，但是现在很多男孩忽视了体验，几乎没有什么体验的机会。由于网络信息技术的发展，很多孩子变得足不出户，沉迷于虚拟世界。这种现象对于孩子的学习和成长显然是不利的。

不管什么原因，都不是孩子不外出体验，把自己"圈"在家里的理由。只有让孩子走出去，才能在体验中学习。这是因为，无论从书本上还是电脑、手机上学习知识，孩子的大脑只有一小部分被激活。只有当孩子在体验中学习某种知识的时候，大脑中的运动皮层、躯体感觉皮层等区域才会被同步激活。

同样做一件事情，调动的大脑区域越多，就越能巩固孩子对这件事情的认知，所以，体验式学习，其实是一种大脑各区域的"集体学习"，学习效果自然更好，对于孩子学习与成长更有帮助。

专家告诉你

芝加哥大学的研究人员曾经做过一个试验：他们找到44个还没有学过大学物理的青少年，让他们阅读一些关于角动量的入门文章。看过文章之后，研究人员又拿出了一个能够直观反映角动量原理的教具，然后把青少年分成两组：一组亲自去操作教具，而另一组则只是观察。

之后，研究人员向参与试验的青少年提出了一些问题，结果发现那些亲自上阵操作教具的行动者，有74.5%的人给出了正确的答案，而只是在一旁观察的观察者，则只有52.2%的人给出了正确答案。这充分说明了，行动者的学习效率要比观察者更好，以及体验式的教育的确比普通教育效率更高。

家长的教育方式可替换为体验式教育

其实，男孩更需要体验式教育有两个重要原因：首先，正如我们之前所说，男孩的语言能力要比女孩弱一点儿，而传统的教育模式主要是以文字和语言来传递信息的。这就导致一个结果：擅长语言的女孩，学习效率要比男孩更高一些。现在我们不妨回想一下：在小学阶段，女孩的平均成绩是不是高于男孩？有人认为之所以产生这种现象，是因为男孩贪玩、注意力不集中，但实际上，语言能力的差异才是造成成绩差异的一个重要原因。

其次，男孩的精力需要找到一个正确的出口。由于男孩身体中的睾丸激素作用于大脑，所以男孩总是要比女孩好动。如果我们能够利用男孩的好动特征，引导他们走上体验式学习的道路，不仅可以促进男孩更积极主动地学习，还可以避免男孩把旺盛的精力放到不正确的地方，不断地制造"事端"。

给父母的建议

对于男孩来说，体验式学习的效果非常好。那么如何科学地引导孩子进行体验式学习呢？家长需要注意以下三点：

❶ 以孩子为中心

有些家长在带领孩子进行体验式学习的时候，往往以自己的意愿为中心，带着明确的目标让孩子体验。比如说，给孩子买了个天文望远镜，第一天就要求孩子掌握望远镜的使用方法，第二天就要求孩子独立找到月亮的位置，并进行观测……

这样的体验式学习，会极大地剥夺孩子体验的乐趣，甚至可能

变成孩子的负担。最后可能导致的结果是：孩子对家长说："我什么都不要，你别带我出去玩，也别给我买东西了！"他们之所以会丧失体验的热情，是因为已经明显感受到你所谓的体验，实际上还是想给他们灌输一些所谓的知识，或是逼迫他们学习更多的东西。

而以孩子为中心的体验，要求家长不把自己的"教学任务""教学目标"强加给孩子，让他们主动去寻找自己需要学习的东西、设立学习的目标。仍以天文望远镜为例，实际上，你只要把天文望远镜买回来，孩子大概率就会对它产生兴趣，会迫不及待地想用望远镜探索星空，看看月亮上有什么。实际上，这就是孩子给自己设立的一个学习目标。

有了这个目标之后，就算你不管孩子，让他们自己去摸索，等他们需要帮忙的时候也会主动向你请教的。这个时候，你再站出来做"技术指导"，既不会让孩子因为觉得你目的不单纯而对学习相关知识产生厌恶情绪，也不会因为学习上遇到过不去的坎儿而产生退缩的想法。这才是一次成功的体验式学习。

② 要接受体验式学习的不确定性

体验式学习，与学校教育有很大区别。这个区别在于，它是发散性的，是无法被计划的。比如，周末你带孩子到植物园，想让孩子在游园的过程中了解一些植物学的知识，或是学会如何观察一些植物的特征，但是来到植物园之后，孩子对花花草草没什么兴趣，反而对于游弋花间的各种昆虫产生了浓厚的兴趣。这个时候，植物课就变成了动物课，这便是体验式学习的不确定性。

家长要接受这种不确定性，千万不要强迫孩子完成什么计划与任务，忽视孩子的兴趣所在。我们需要明白一件事情：兴趣就是孩子的"学习目标"，只要他们有兴趣，那么就有了自己的目标。只有不把自己的目标凌驾于孩子的目标之上，孩子才能更积极主动地学习。

③ 体验式学习重视过程，而不是结果

传统教育重视结果，体验式学习重视过程。重视结果的教育，能让孩子掌握基本的知识点；而重视过程的教育，则可以让孩子找到开发知识的路径。

课本上的知识，是别人总结好的知识。这样的知识当然很重要，所以我们需要花费大量的时间去学习、去掌握，而且无论在什么时候去学习，都不算晚。

但是，除了要学习现成的知识之外，孩子还需要学习"发现知识的知识"。而"发现知识的知识"，是在课本上很难学到的，必须通过不断地实践来学习。在实践中，孩子会学着总结经验、探索事物的规律，有了这种能力，他们才不会被书本困住，进而成为更有创新力和想象力的人。

可以说，总结经验、探索新事物是一种根深蒂固的思维模式，也是一种"童子功"。在男孩小的时候，我们必须主动对这些能力进行培养，否则他们的思维很可能会固化，导致一生都无法再拥有这种能力。到那个时候，尽管他们读了很多书，也可能只是纸上谈兵的书呆子。

男孩真的"开窍"晚?

有了孩子之后，很多家长习惯在心中暗自比较：我家小孩怎么看起来没有别家小孩长得高？我家小孩为什么说话不如那家小孩早？……在这种比较中，很多家长可能会发现：在成长中的很多阶段，自己家的男孩子反应似乎都要比同龄女孩子慢一点，自己家的男孩子比别人家的女孩子开窍晚一些。

男孩开窍晚这件事情，到底是不是真的？那要看你怎么理解开窍二字，如果指的是智力发育的话，那么男孩并不比女孩晚。但如果是指沟通能力、共情能力的发展，那男孩确实要比女孩晚一点。不过，家长也不要因此而忧心，因为男孩大脑中的某些功能区域虽然发育得比较晚，但是发育时间却相对更长一些。到了青春期之后，女孩大脑更偏向于感情的发展，男孩大脑则会更偏重于逻辑思维的提升。

跟男孩沟通要简明扼要说重点！

由于男孩大脑中的语言区域发育得比较晚，所以与男孩沟通的时候，父母更要注重方式方法，尽量不要说一些长难句，而是要用短句子与男孩沟通。

在现实生活中，很多父母认为男孩天生就有很强的逻辑性，所以与男孩沟通时习惯于使用一些句式长、语法复杂的句子。比如，"宝贝，你千万不要长时间看手机，因为长时间看手机会让你的眼睛近视，那样的话妈妈会很伤心的……"事实上，由于男孩的沟通能力和共情能力都比较弱，所以这句话在他们的耳朵里可能变成这样："手机……眼睛……伤心？"

男孩会满头雾水。

"伤心干吗？妈妈为什么要伤心？"

你的这番话，在男孩那里根本没有起到任何作用，因为他们的思维早已飘到你所不知道的领域了。因此，与男孩说话一定要简明扼要："关掉手机，再玩眼睛就坏了！"如此一来，他们才能抓住你话中的重点，按照你的要求去做。

专家告诉你

男孩"开窍晚"可能会引起一个不好的结果，即上学之后，男孩很可能在学习成绩上被女孩甩在身后，并因此产生挫败感，使得自信心受到打击。观察一下，是不是有这种现象：小学和初中阶段，大部分班级里，女孩的学习成绩普遍比男孩好，班级的最后几名经常被几个小男孩"牢牢把持"？

这主要是由两个原因造成的，第一个原因就是我们之前说的，男孩的语言能力发育比较晚，而学校教育又主要以语言教育为主，所以男孩天生处于劣势；第二个原因是男孩更加好动，思绪更难以集中，因此他们在课堂上总是走神，考试时也容易马虎大意。其实，成绩上的暂时落后并不是什么了不起的大事儿，真正需要警惕的是自信心上所遭受的打击。为了"挽回"孩子的自信心，父母可以鼓励男孩从事一些体育竞技类或者动手类的活动。这是男孩擅长的领域，能够帮助他们维持自信，直到"学习开窍"的时候再奋起直追。

然而，有些家长的做法恰恰相反，看到孩子学习成绩不好，便立即禁止他们从事其他活动，要求他们把所有时间和精力都用在学习上。这样的做法往往会产生反效果——让孩子产生厌学情绪，学习积极性大打折扣，同时也阻断了他们在其他擅长领域获得自信的通道，最终让孩子陷入痛苦和自卑中。

想要提升男孩的学习成绩，我们要学会利用其大脑的独特之处。比如，由于语言功能比较薄弱，很多小男孩记不住单词，这个时候妈妈可以利用上面印有字母的积木，让他们通过搭积木的方式记单词。男孩的动手能力比较强，这种用强项补齐短板的方式能够取得比较好的教育效果。再比如，男孩学习数学有点吃力，父母可以在游戏中加入数学元素，通过游戏来训练他们的数学思维，让孩子在兴趣中学有所得。

此外，为了让男孩尽早开窍，家长还应该给孩子营造一个愉快的家庭氛围。男孩左右脑细胞的联系比较薄弱，如果长期处在一个压抑的环境中，那么他们的左脑和右脑就更加难以形成有效的联系，这会导致男孩的开窍时间进一步延迟。所以，给男孩创造一个轻松、和谐的成长环境，对于他们的智力发育是非常有帮助的。

当然，即便家长给男孩营造了一个好的生活和学习环境，也无法完全避免他们失控，比如当孩子面对挫折和不顺的时候，特别容易丧失掉情绪管理的能力，而这对于他们的大脑发育也是不利的。

Chapter 02

男孩父亲 = 学习的榜样 + 挑战的对象

父亲，是男孩的榜样，也是男孩挑战的对象。在男孩成长的过程中，父亲需要承担起自己的责任和义务，成为男孩最坚强的后盾、最好的老师、最可靠的伙伴、最需要超越的对象。

这两个男人，都需要从对方身上寻找自己

有一段广为流传的话，很好地阐述了"父与子"的关系："一个男人与他父亲的关系会形塑他的生活。任何一个成年的儿子，都必须做出选择：是和解还是抵抗；是成为塑造你的人，还是在最终自我塑造。"

事实上，父亲和儿子，这两个男人之间的"恩怨情仇"及"相互成就"，并不只是发生在儿子成年之后。从孩子呱呱坠地那一刻起，父与子之间的纠葛就已经形成了。而且在这种彼此的纠葛之中，两个男人都在渐渐地成长。

一般来说，在父子关系中，我们只看到了父亲对儿子的影响，却忽视了儿子对父亲的影响。事实上，从儿子出生的那一刻起，父亲不仅身份角色发生转变，心态上更发生全面转变。

对于很多男人而言，儿子的出生是他们人生中一个重要的分界线。在此之前，男人虽然年龄不小，但心态上可能还是长不大的"孩子"——任性妄为、缺乏责任感。当儿子出生之后，男人的生命中就有了巨大的"牵绊"，不管他们过去是什么样的人，从那一刻起都知道有个与自己紧密相连的小生命紧紧依赖着自己。那是他们最坚硬的铠甲，也是他们最脆弱的软肋，他们必须成长为合格的靠山，担负起从来不曾担负过的重担。

这是男人在有了孩子之后的第一次心态变化，随后，他们还将迎来许多变化。比如，一贯以理性、高效自居的男人，突然需要和一个非理性的、极其脆弱或情绪化的小生命打交道，这对于他们的世界观绝对是一种巨大的冲击。在这个过程中，男人花了20年甚至30年都没能炼成的"耐心"，会在短短一两年时间内修炼成功。又比如，从前男人坚毅却冷漠，但是，当儿子出生一刹那，他们的生命主旋律就变成了守护，内心的坚冰开始融化，变得越来越温暖。

当然，所有的变化不可能在一瞬间完成，父亲也需要时间去实现自我成长，所

以，父亲和儿子，其实是在同步成长的。在成长过程中，父子会经历很多不可思议的冒险，并且在冒险中受益匪浅。

同时，作为父亲一定要知道：你是孩子的监护人，是孩子成长的领路人，但这并不意味着你总是对的。因为对于初为人父的你而言，在爸爸这个岗位上也是个"新手"，一切都要从头学起。

作为一名新手，对于自己未曾涉足的领域一定要有敬畏心，要以学习和磨合的心态去和儿子打交道，而不是以领导的姿态自居，更不能认为父亲这两个字就意味着权威，意味着不可违逆。一旦有了这样的想法，就会出现这样的现象：一个蹩脚却自命不凡的父亲，和一个无所适从的儿子，每天都上演着一场场父子大战。

父子之间的相处模式很重要 ！

之前在某父子档综艺节目中，一个明星父亲与儿子的相处模式就产生了不少争议，还引起了人们热烈的讨论。这个明星明显就是那种权威型的父亲，在节目中他教育儿子的方式只有一种——居高临下地吼骂或命令。

节目刚开始，父子两人到达录制地点。这个明星父亲先下了车，儿子随后跟着下车，但是由于儿子的下车路线和自己不一样，于是他立刻板起了脸，命令儿子按照他的路线重新走一遍。7岁的儿子虽然不愿意，但是不敢提出反对意见，只好立即委屈地照做了。

由于这个插曲，父子两人落在其他人后面，这时候这个明星父亲又不高兴了，直接对着儿子大喊："快点儿！"

除了大声呵斥之外，这个明星父亲还特别喜欢用阴阳怪气的方式和孩子说话。当父子两人来到集合点，发现儿子选择的5号房间是离集合点最远的后，父亲便冷笑着对儿子说："5不是你的幸运数字吗？我当初要选1号，你不听我的，非要选5号，你可真是棒棒的。"

接下来，父子两个人开始向着5号房间前进，这个父亲只顾一个人在前面走，根本不顾及身后跟不上自己的孩子。到了目的地之后，这个明星父亲还不依不饶地问儿子："以后选几号？"儿子自觉"理亏"，只好低下头说："选1号。"事实上，经过这么多事情，儿子的情绪早就已经崩溃了，说完这两个字之后就哭了起来。

这还是发生在镜头前的故事，可想而知，在镜头之外父子两人的相处模式是怎样的。在这个故事中，父亲完全将自己放置在支配地位上，忽视了父子其实是相伴成长的关系。这个父亲的做法，其实也属于一种隐性的暴力，可能会摧毁儿子的自信、自尊与安全感。而且，随着儿子不断长大，他的个人意识会逐渐萌发，届时，如果父亲仍然习惯性以"国王"自居，那么父子之间就会爆发旷日持久的矛盾。这种矛盾可能会随着儿子离开家独立生活而平息，但实际上，父子关系的裂纹依然存在，随时可能在接触中爆发出来。

从长远来看，父子关系的成色取决于儿子的回忆。也就是说，每当儿子回忆起父亲时，他们心中会涌起怎样的情感，这个情感，就是父子关系的底色。当我们阅读某些名人关于父亲的回忆录时，就会发现，在许多杰出人物眼中，父亲并不是以"严师""权威"的形象出现的，相反的是，他们更像是与儿子一起长大的益友良师。

父子成兄弟的名人家庭故事

汪曾祺有一篇回忆父亲的文章《多年父子成兄弟》，这篇文章非常出名，里面有这样一段话：

我初中时爱唱戏，唱青衣，我的嗓子很好，高亮甜润。在家里，他拉胡琴，我唱。我的同学有几个能唱戏的，学校开同乐会，他应我的邀请，到学校去伴奏。几个同学都只是清唱。有一个姓费的同学借到一顶纱帽，一件蓝官衣，扮起来唱《朱砂井》，但是没有配角，没有衙役，没有犯人，只是一个赵廉，摇着马鞭在台上走了两圈，唱了一段"郡坞县在马上心神不定"便完事下场。父亲那么大的人陪着几个孩子玩了一下午，还挺高兴。我17岁初恋，暑假里，在家写情书，他在一旁瞎出主意。……我们的这种关系，他人或以为怪。父亲说："我们是多年父子成兄弟。"

汪曾祺和父亲的"玩伴关系"，也得到了"遗传"，在提及自己与儿子的关系时，汪曾祺写道：对儿子的几次恋爱，我采取的态度是"闻而不问"。了解，但不干涉。我们相信他自己的选择，他的决定。最后，他悄悄和一个小学时期的女同学好上了，结了婚。有了一个女儿，已近7岁。我的孩子有时叫我"爸"，有时叫我"老头子"！连我的孙女也跟着叫。我的亲家母说这孩子"没大没小"。我觉得一个现代化的、充满人情味的家庭，首先必须做到"没大没小"。父母叫人敬畏，儿女"笔管条直"，最没有意思。

专家告诉你

汪曾祺祖孙三代"没大没小"，在很多奉行"准军事化管理"的家长眼中是不可思议的，更是根本无法做到的。在他们看来，这样的父亲怎么可能教出优秀的儿子呢？但汪家就是靠着这样的家风，培养出了真正的人才。汪曾祺自然不必说，是中国现代最好的作家之一；他的儿子汪朗，曾任经济日报社国际部主任，也是著名的散文家。

父亲和儿子同步成长、和谐共处，如此，儿子心目中的那个父亲才是可爱的，进而会变得可敬。这就叫作"因爱而敬"。如果父亲在儿子心目中的形象是可怕的，虽然孩子也会表现出尊敬，但那是"因畏而敬"。虽然都是敬，但出发点不同，效果也大不一样。

因爱而敬，儿子会将父亲视为自己的楷模，即便成年之后，还是会把父亲当成合作的伙伴、工作生活上的良师益友，从父亲身上汲取养分，找到那个更好的自己，进而促使父子关系形成一种良性互动。

因畏而敬，在成长的过程中，儿子多半会产生强烈的逃离感，在没有独立生活能力的时候，他们会随着自我意识的萌发而变得叛逆；一旦有了独立生活的能力，他们则会对父亲敬而远之。此时，父子很难形成合作的关系，父亲若是想要给儿子提供一些人生建议或指导的话，甭管父亲说的对不对，儿子都会下意识地反抗与拒绝。

这就出现了一种现象：小时候父亲管得越严厉，长大了反倒越管不住自己的孩子了。所以，在教育男孩的过程中，父亲千万不要居高临下，只是严苛命令他们，要求他们必须听自己的。这样做，父子关系很难和谐，更别说共同成长了。

父子关系的五个阶段

父亲与儿子的关系，其实是一种动态的关系。在儿子成长的不同阶段，父亲发挥的作用是不同的，所呈现出来的基本形象也是不同的。

儿子在3岁以前，虽然朦朦胧胧地产生了一些性别意识，但是并不鲜明。从3岁开始，儿子就意识到一件事情："我和爸爸一样，是个男人。"也就是说，他们的性别意识形成了。

在性别意识形成之后，儿子会把父亲当作自己的榜样，在行为上效仿父亲，此时，父亲就成了儿子生命中第一个，也是最重要的那个偶像。父亲会发现，儿子开始模仿自己，会偷偷地穿自己的衣服，学习自己的动作。儿子为什么要这样做？那是因为在他们心目中，父亲是世界上最强大的力量，他们认为通过模仿父亲就可以获得这种力量。

这个时候，儿子特别希望得到父亲的夸赞，他们会想方设法地取悦父亲。妈妈依然是他们生命中最重要的那个人，但是父亲在他们心目中的地位开始不断提升。而这个时候，父亲需要做的事情就是，努力做一个称职的偶像。

我们要知道，这个年龄段的孩子是非观还没有形成，当他们把父亲当作偶像之后就会极其虔诚地模仿父亲的行为，好的不好的都模仿。所以，父亲一定要明白：你现在做的每件事情，都可能成为孩子将来的行为模板。你做有益的事，孩子将来会因此得益；你做有害的事，孩子将来就可能因此受害。

言传身教的名人家庭故事！

童话大王郑渊洁曾经写过一本书，叫《父亲的含义是榜样》，书中提到郑渊洁的父亲郑洪升曾经说过："对孩子最好的教育就是身教。"人们往往把言传身教放到一起说，言传还在身教之前，但实际上正如郑洪升所说的，身教其实是最有价值的，也是最重要的。

纵观科学发展史，我们会发现一个现象：在科学家中，有很多"父子档"。比如英国的威廉·亨利·布拉格与其子威廉·劳伦斯·布拉格，二人都是伟大的物理学家，1915年，他们父子二人共同获得了诺贝尔物理学奖。

再比如瑞典的奥伊勒·切尔平和乌尔夫·奥伊勒，这对父子也是历史上著名的科学家，乌尔夫·奥伊勒是一位生理学家，曾获得诺贝尔生理学或医学奖，父亲奥伊勒·切尔平则是一位化学家，是诺贝尔化学奖的得主。

这样的例子还有很多，物理学家波尔父子、西格巴恩父子、科恩伯格父子等。思想陈旧的人，会说这叫"龙生龙、凤生凤"，而思想先进的人则可能认为这是基因遗传的作用。但实际上，最重要的因素是父亲从一开始就给儿子树立了榜样、做好了示范。

换句话说，父亲一定要珍惜儿子将自己视为榜样的这个阶段，因为这是教育孩子的最佳时段，也是父子关系最融洽的一个时间段。随着儿子逐渐长大，开始进入叛逆期，接下来，父子关系就会进入矛盾和冲突频发的一个阶段，即第二个阶段——"冲突期"。

另外，父亲最朴素的期望可能是"儿子将来一定要比我强"。在这一点上，其实父亲和孩子想到一块儿了，孩子也希望自己能比父亲更厉害。尤其到了十几岁之后，孩子的眼界开阔了，见识也增长了，于是就开始试图反抗父亲的权威，并且以此来证明"我长大了，我很厉害"。

对于孩子这样的行为，父亲要有所准备，有所认识。父亲应该明白一个最基本的道理：在男孩成长的道路上，父亲就像是一座山，山那头，是外面的世界，山这头，是家庭的庇护。如果孩子不翻越这座山，他们可能会永远活在家的庇护中，没有勇气走向更远的世界。

父亲应该把自己想象成武侠小说中隐居的武林高手，儿子就是自己的关门弟子，他们学了一身的武艺，想要下山见见世面。在下山之前，他们一定要和你过上几招，而你也必须给他们这个机会与自信。因为如果他们连这点勇气也没有，又怎么独闯江湖呢？

既然儿子主动挑战父亲的权威是不可避免的事情，那么父亲能做的，就是引导孩子选择正确的挑战方式。竞争有良性和恶性之分，父亲主动把这种父子间的竞争引向良性竞争的方向才是正确的选择。具体来说，可以让儿子去挑战父亲的学识、体力和技能，而不是挑战所谓的家庭话语权、男性权威。

当然，作为父亲还应该认识到一件事情：随着孩子慢慢长大，他们会发现一件事情——父亲也是人，不是神。这意味着什么呢？意味着你的孩子会意识到你作为一个普通人的喜怒哀乐，甚至是缺点与不足。在小的时候，儿子会觉得父亲无所不能、力大无穷、永远不老不死、总是代表正确。那个时候，父亲的确是神一般的存在。但是这个世界上是没有神的，所有人造的神总有跌落神坛的一天。父亲也是如此，我们需要提前有所准备。

在这一时间段，父亲要准备好面对儿子的质疑，并且以此判断儿子是否开始独立。面对"偶像幻灭"可能引致的失落感，父亲不妨在合适的时间示弱，主动告诉儿子：我既不全知，也不全能，很多事情需要我们一起学习、一起面对。让儿子早一点对父亲有更全面的认识。

这件事情说起来容易，做起来有点难，毕竟，父亲还是很享受来自儿子的崇拜的。也正因如此，很多父亲会千方百计地维持这种被崇拜的感觉，不惜去制造一些谎言或假象。随着儿子逐渐长大，有些父亲就会意识到自己的"神位"可能不保，然后会变得越发敏感。有了这样的心态，他们会以更加严厉的态度去对待儿子的质疑，结果把父子间的竞争引向权威争夺，促使彼此之间的矛盾越发激烈。

给父母的建议

面对开始对自己发起挑战的儿子，父亲需要做好以下三件事：

❶ 引导孩子表达感受

中国人比较含蓄内敛，体现在父子关系上也是如此。有人曾说："在我的青年时代，和父亲的交流变得非常少，这种情况一直从十几岁持续到三十几岁，等自己有了孩子之后才有所改变。"这种情况非常普遍，以至于有人开玩笑说自己和父亲说得最多的一句话就是："爸，我妈去哪儿了？"这样的父子虽然彼此深爱对方，却交流甚少。因为交流少，所以有爱不表达，有矛盾也不沟通，因此爱被隐藏，矛盾却一直在积累。为了改变这一状况，父亲要在孩子很小的时候就鼓励他们与自己主动沟通，表达自己的感受，并且积极回应孩子的感受。如果在孩子小时候不注意与孩子沟通，等他们长大了，再想和他们沟通就会变得非常困难。因为他们根本就没有掌握与父亲沟通的技能，不会与父亲沟通。

❷ 给孩子树立一个边界

人和人，不管关系如何密切，都应该有各自的边界，父子关系也不例外。父亲要懂得给孩子空间，不要无孔不入地"渗透"到孩子生活的方方面面，试图全方位掌控他们的思想和行为。另外，父子关系的边界其实是由权利和义务形成的，父亲要和孩子阐明他们有哪些权利和义务。该管的事情，要坚决介入；不该管的事情，就少插手。

正所谓"有所不为才能有所为"，如果父亲认为自己什么事都有权利去管，那么等到孩子进入叛逆期后，他们就会进行"全面抵抗"，什么事都不想让父亲管，到时候该管的也管不住了。

❸ 期待要有限度

父亲对儿子有所期待，是天经地义的事，这也是儿子不断进步的动力。但是如果期待是没有限度的，就会变成儿子成长过程中的巨大压力。人在重压之下，就会反弹，父子间的矛盾也会因此形成。

父亲要向健身房里优秀的健身教练学习——学员做力量训练的时候，永远给他们一个不是很轻松，但是憋住一股气也能举起来的重量。随着学员的力量不断加大，给他们的重量也不断增加。但不管怎么增加重量，都需要让他们努努力之后才能举起来。

如果一个学员刚来到健身房，教练就给他一个专业运动员才能举起的重量，学员尝试了半年多，也从来没有举起来过，那到最后只可能有两个结果：一是学员彻底撂挑子不干了；二是天天举、努力举，但是因为超过了力量的极限，最后使自己受伤了。

这种教练是不合格的，但是很多人在养育孩子的过程中，不知不觉变成了这类人。在有些家庭中，孩子小的时候主要由母亲负责养育和管教，父亲通常不管不问。但等到孩子上高中的时候，父亲突然出现了，直接给孩子下了一个"硬指标"，要求他们必须做到。本来就处于叛逆期的孩子，瞬间感觉到压力巨大，自然会激烈地反

抗父亲，进而造成父子关系紧张。所以，一个真正望子成龙的父亲，应该参与到孩子成长的每一个阶段中，让他们逐渐变强，变成理想中的样子，而不是突然出现，把自己的期待强加给孩子。

耐心等待，陪伴孩子度过每一个阶段

父子关系的前两个阶段，属于教育阶段。过了这两个阶段，孩子已经20多岁了，父亲的教育功能会急剧下降。这个时候，父子关系迎来了第三个阶段——进化阶段。此时，父子关系已经不再是教育者和被教育者的关系，而是两个平等的人在一起形成的合作关系。

等到儿子结婚生子之后，父子关系进入第四个阶段——理解阶段。这个时候，无论之前父子关系多么紧张，也会朝着和解的方向发展。

再过几十年，儿子也步入中年，父子关系将进入最后一个阶段——继承阶段。这个时候，儿子可能会像小时候一样崇拜自己的父亲，因为他终于有足够的阅历和成熟的心态去理解父亲的伟大。可惜的是，父子关系到了此时已经不可避免地要走向尽头了。

由于父子关系的后三个阶段已经不再属于"家教"的范畴，所以我们就不再赘述了。

父亲角色的入场时间和入场方式

前面，我们从宏观上分析了父子关系的五个阶段。现在，我们从微观层面来分析一下，在孩子成长的每一个阶段中，父亲应该如何介入孩子的成长，如何扮演好优质陪伴者的形象。

先从孩子出生到6岁这个时间段说起。这个时候，孩子是非常脆弱的，来自母亲的奶水、喂养、拥抱，是孩子最需要的东西，所以，他们对母亲的依恋是无以复加、不可动摇的，父亲多以辅助的形象出现。

不过，辅助并不代表不重要，更不代表可有可无。尤其是婴幼儿时期，父亲经常会以冒险者的形象出现，带着孩子举高高、骑脖子，或是爬高、奔跑，这对于男孩的成长是非常重要的。因为这些事情妈妈一般是不会带孩子去做的，一般来说，妈妈抚养孩子的时候，首要考虑的问题是安全成长，而爸爸则不同，他们会带孩子去做一些刺激好玩的事情。通过与父亲的相处，孩子会意识到除了像妈妈那样温柔、温暖、温情的人之外，还有奔放、热情、喜欢冒险的人，这对于男孩的性格发展和心理发展非常有益。

男孩过了6岁之后，和同龄的女孩有了明显的差异，从他们喜欢做的事情就可以看出这一点。男孩开始梦想当英雄，他们会模仿书里的、动画片里的、电影里的各种英雄人物，喜欢舞刀弄枪、打仗。而父亲，是他们心目中的英雄，所以这段时间，男孩会对父亲产生崇拜性的依恋。如果男孩6岁之后，父亲陪伴的时间过少，男孩的"英雄情结"得不到正确引导，男孩就可能会出现一系列的行为问题，比如打架、不服管教、破坏欲强等。

男孩的成长离不开父亲的教导

　　小军最后走到这一步，是谁也没有想到的。在很多人眼里，小军是一个含着金钥匙出生的幸运儿，父亲是公司高管，母亲是一所名校的出色教师。从物质条件上讲，他从来不曾被亏欠，从精神食粮上说，父亲母亲学历都很高，父亲有格局、有能力，母亲懂教育、有耐心，给予他很多不一样的思想与教育。他本来应该有光明的前途，但谁承想，小军却因为故意伤害别人成为人们口中的"少年犯"。

　　从初中开始，小军就成了学校里的"小霸王"。当时，他在母亲任教的学校里上学，在母亲的监督之下，学习成绩还算不错，但是在课下，他却一点儿也不让母亲省心，经常和同学发生争执，甚至会大打出手。

　　一开始，母亲认为小军只不过是年少顽劣，只要稍加批评教育就好了。确实，每次小军"犯事"之后，她都会把小军狠狠地批评一顿，而小军也会认错，之后会消停一段时间。但小军的父亲知道这些情况后，非常生气地把小军叫到身边，斥责道："在学校里，你妈妈是人人尊敬的老师，现在却因为你丢尽脸面。我就不明白了，我和你妈妈像你这么大的时候，都是学校里的尖子生，是其他同学的榜样，你怎么就这么不成器！"

　　虽然小军表面上不敢和父亲顶嘴，心里却想："你一年到头不在家，平时想和你说句话都难，现在一开口就来教训我，凭什么？"正因为对父亲有怨气，所以小军的叛逆行为更加严重了。虽然在学校里迫于母亲的压力不敢做出太出格的事情，但是出了校门之后，开始变本加厉，并且经常和一些狐朋狗友混在一起。

　　两年后，小军考上了高中，但由于成绩一般并没能进入重点高中，对此，小军却非常高兴。因为他和之前认识的那些狐朋狗友考入了同一所高中，而且，学校里再也没有母亲的"监督"，这让他感到"如鱼得水"。

　　一次，小军与某个同学发生了口角，他为了给对方一个"教训"，竟然集结了一大帮所谓的朋友，在放学之后把那位同学堵在了回家的路途中。由于小军他们人多势众，对方根本没有反击之力。他们一拥而上，攻击那位同学，下手越来越重，最后把对方打成了严重脑震荡，肋骨还断了好几根。

由于小军等人在闹市行凶，而且将那个同学打伤了，因此大部分都被关进了拘留所，而因为小军是组织者，所以被关进了少管所。

一个人选择什么样的人生，走上什么样的道路，是多种因素共同作用造成的。但几乎所有的心理学家都认为，一个人性格的养成、价值观的形成，与他童年时的经历有莫大的关系。小军之所以一路走偏，肯定也有多方面的原因，但是在童年时期缺少父亲的关注和正面引导，是其中重要的一个。事实上，像小军这样的孩子并不少见，他们因为缺少父亲的正确引导而走上了堕落的道路。

对于男孩来说，在6岁到14岁这个年龄段，是父亲进行教育的最佳时机。因为这个时间段的男孩已经开始学习如何做男人，如果父亲能够把握住这一黄金教育期，引导他们养成好的性格、习惯以及心理，为他们树立好的榜样，那么孩子就会朝着正确的方向前进。但是如果父亲没能在这一阶段给孩子正确的引导和影响，那么孩子就可能误入歧途。

当然，不是说没有父亲的培养与教育，男孩就一定会学坏，我们是说，如果任由孩子被外界的不可控因素所引导，就会促使孩子的成长充满了不确定的因素——可能往好的方向发展，也可能往坏的方向发展。因此，在这个关键的阶段，父亲应该站出来，充当孩子的引路人，帮他们摒弃那些可能会产生负面影响的因素，引导他们走上正确的道路。

给父母的建议

在孩子6岁到14岁这段时间，父亲应该做到以下几件事情：

❶　拿出时间来陪伴和教育孩子

父亲想要提升自己对孩子的影响力，不能光靠嘴说，更要付诸行动，而行动需要时间。很多父亲以说教者的形象出现在孩子的生活里，平时难得一见，只有当孩子出现问题的时候，他们才会"挺身而出"，摆事实讲道理，或是直接训斥，或是唠唠叨叨、啰啰唆唆一大堆。可事实上，不管你说得再有道理，若是总是以这样的形象出现，而不拿出切实的行动去陪伴孩子，你在孩子心目中的形象也是淡薄的，对于他们的影响也是有限的。所以，在儿子的教育问题上，父亲不能当甩手掌柜，总是搞隔空指挥那一套，而是应该切切实实地拿出行动、抽出时间，去履行自己的义务。

❷　不要太含蓄太沉默，要学会表达自己的感情

和孩子相处的时候，父亲不要太过含蓄，要学会表达自己的感情。我们发现，面对女儿，父亲很喜欢表达自己的感情，而面对儿子，尤其是儿子的年龄大了以后，父亲就会显得过于严肃，不善于表达自己，甚至认为"男人之间不需要感性交流，有理性交流就足够了"。

显然这是不对的，男孩也需要来自父亲的感情表达。通过感情的表达，能够拉近父亲与儿子之间的距离，如此一来才能让孩子更信任、依赖父亲。而且，父亲正确表达自己的感情，也能让儿子明白男人不仅有铁骨，也有柔情，这有助于他们形成健康的人格。

男孩过了14岁之后，开始有了自己的"圈子"，自己的生活，这个时候，孩子正在一步步加强自己的"社会属性"。他们开始思考人生和世界，逐渐形成自己的世界观，并且逐渐掌握批判、分析和抽象思考的能力。这个时候，他们需要的不仅仅是能帮他们"解决问题"的人，更需要能和他们讨论问题、认识问题的人。所以，父亲要学会从良师逐渐变为益友，多与男孩进行平等、友好的沟通。

从孩子进入青春期开始，父亲身上"全知、全能"的光环就会逐渐褪去，父亲不要因此而感到沮丧，相反，应该感到高兴。毕竟父亲应该清楚地知道自己的确不是完人，孩子有理由也有资格来质疑自己。在这种质疑中，孩子一天天长大成人，或许将来有一天还会全面地超越父亲。

父亲又何尝不期盼着那一天的到来呢？

父亲"缺席"会发生什么？

30岁左右，很多人的身份会发生改变。家里迎来新成员，自己变身为家长。这个年龄段的男人，正处在事业上升的关键期，可说是进退二重天。另外，他们还正处在压力最大的时期，房子、车子，现在又有了孩子，哪一项的支出都不能少，他们必须努力工作、小心应酬，才能应付生活赋予他们的使命。因为太过忙碌，所以很多父亲陪伴孩子的时间是有限的，甚至一周都不到两个小时。

在孩子的成长过程中，父亲缺席是一种非常普遍的现象。数据显示，有超过80%的父亲因为工作忙碌，没有时间照顾子女。而与之相对应的另外一个数据则显示，超过70%的孩子在遇到困难时，不会选择父亲作为自己的第一求助对象。一方面是大多数父亲认为自己很忙，另一方面是大部分孩子觉得父亲"指望不上"，这更加说明父亲"缺席"的客观存在。

父亲"缺席"虽然是一种普遍现象，但普遍并不等同于正确与正常。事实上，父亲"缺席"对孩子造成的负面影响是多方面的，我们可以用几个词语来概括：过分害羞、急躁冲动、感情淡漠、畏惧失败。

父亲"缺席"可能是孕育"妈宝男"的温床！

由于父亲在儿子和女儿心目中所扮演的角色有所不同，所以父亲"缺席"对于男孩和女孩造成的影响也不相同。下面，我们主要谈一谈父亲"缺席"对男孩所造成的影响。

父亲"缺席"这件事情，也是会"遗传"的。一个男人在他成长的过程中，如果没有得到父亲的充分陪伴，那么他将来也可能会成为一个"缺席的父亲"。孩子在成长的过程中，感受着家庭生活所带来的幸福与不幸，同时也在学习着一个家庭的"运作模式"。他会把自己从小在原生家庭中看到的、学习到的东西复制到自己未来的家庭生活中去。这是一种潜移默化的"学习"，最终，所学到的东西会融入一个人的性格里，很难被扭转。所以我们经常会看到这样一种现象——有些父亲明明有时间，但是回到家之后似乎更愿意自己玩，而不是陪着孩子一起玩。或许这并不是因为他们不爱自己的孩子，而是因为他们的记忆深处缺乏关于父子互动的内容，于是不自觉地充当了旁观者的角色。

另外，如我们之前所说，男孩在成长的过程中，会对父亲产生崇拜、嫉妒、抗争等复杂感情，在这个过程中，他们不仅学会了成长，更进一步确立了自己的性别认同。而父亲的缺席，会导致男孩无法深入地体会父子关系中的种种情感，促使孩子无法从父亲身上获取足够的力量和勇气，长大后可能会缺乏主见，变得胆怯懦弱。

最近几年，"妈宝男"这一男性形象一度引起社会的广泛热议。很多人认为"妈宝男"的形成，是妈妈教育不当造成的，实际上，父亲"缺席"才是孕育"妈宝男"的温床。有一位心理学家说过："母亲的爱让男孩依恋，但过度的爱也让男孩生活在温床里，让他永远是个男孩。"所以，如果一个男孩只能享受到来自母亲的爱，而缺少了父亲的陪伴，那么他对母亲的过度依恋可能会影响他成年之后的行为模式，尤其表现在难以融入集体、内心过度自卑等方面。

其实，每一个人在成长的过程中都要经历一些至关重要的心理阶段，我们可以将其视作成长任务。男孩在成长过程中需要完成一个关键任务，即从与母亲过度亲密的情感中走出来，去接纳父亲和其他人。因此，男孩子3岁之后，父亲就要更多地出现在他们的生活中，主动去寻求儿子的接纳，成为他们的朋友、伙伴，只有如此，男孩才不会沉溺于母亲的爱。

事实上，到了一定的年龄，男孩会自然而然地想要亲近父亲，这是因为父亲身上所具备的力量感、雄性特质是他们所向往的。很多小男孩跟父亲玩耍时，会显得格外活泼，他们希望父亲可以把自己举得高高的，甚至抛来抛去，这都来自他们内心深处对力量的渴望。所以，在6岁到14岁这个阶段，父亲如果能够主动抽出更多时间和男孩玩耍、沟通，就可以很容易地建立起与儿子的亲密关系。过了这个阶段，如果男孩对母亲的过度依恋已经形成，父亲在他们眼里成了可有可无的家庭成员，那么父亲再想与他们建立亲密关系，就难上加难了。

所以，当男孩成长到一定阶段之后，父亲就需要担负起陪伴和养育的责任，这对于男孩的成长、家庭的和睦都有莫大的好处。但正如我们之前所说的，父亲一方面要面对工作上的压力，另一方面要担负家庭的责任，如何才能平衡二者的关系呢？

给父母的建议

想要解决这个问题，我们需要从以下三个方面来着手：

① 给予男孩高质量的陪伴

父亲工作繁忙，没有很多时间陪伴孩子怎么办？那就要把与孩子相伴的每一刻都用好、用足。生活中，很多父亲与孩子在一起的时间本来就少，而且当陪伴孩子或与孩子一起玩的时候，他们的心思依旧在别处，不是接打电话，就是看手机；孩子与他们说话的时候，也不能好好地倾听与回应，反而有些心不在焉。

因此，不要以为每天拿出一点时间和孩子在一起，就算是完成了"陪伴任务"。其实，陪伴有高质量的陪伴，也有低质量的陪伴。我们之前所说的那些例子，明显就属于低质量的陪伴。不要说时间本来就有限，就算你拿出大把时间跟孩子在一起，却总是用这种低质量的陪伴来敷衍孩子，也不会产生好的效果。

什么是高质量的陪伴？其实很简单，就是让孩子感觉到你的注意力在他们身上。他们说的话，你要第一时间回应；他们有了小情绪，你能够准确地察觉。让孩子感觉到你对他们的关注，是孩子最需要的爱。

同时，与孩子在一起的时候，千万不要抱有监护人的心态："我负责保护你的安全，你自己玩自己的。"我们要以玩伴的形象出现在孩子的生活里，要充分与孩子互动，全身心地投入陪伴与游戏。如此一来，父子才能在有限的时间里建立起信任和依赖关系，加深彼此之间的感情。

② 要有固定的陪伴时间

就算平时工作再忙，一个人总归也是有固定休息时间的，我们要把自己的固定休息时间利用起来，分出一部分作为固定陪伴孩子的时间。比如，父亲可以把每个周六的上午当作父子游玩时间，在这段时间内，把其他任何事情都放在一边，把陪伴儿子当作优先级最高的大事。

有了固定的陪伴时间，就意味着儿子对父亲的等待与期待是"有盼头"的。其实孩子比大人更需要稳定的关系，那种忽而出现、忽而消失的父亲，并不能给孩子这种稳定的关系，反而会给孩子带来更大的伤害。

③ 关键时刻陪伴在孩子身边

每个人成长的过程中都有一些里程碑式的时刻，比如第一次去学校读书、第一次参加学校的亲子活动、第一次拿到毕业证。在这些成长中的关键性时刻，父亲一定要去陪伴自己的孩子。因为这些关键时刻往往是可以预知的，所以我们完全可以"提早规划、早为之谋"。只要肯用心，实施起来并不困难。

总而言之，父亲虽然很忙，但只要肯用心、常动脑，完全可以做好陪伴工作。当然，陪伴一个精力充沛的儿子，的确是一件非常耗费精力的事情，但是既然你把他带到了这个世界上，并且深爱着他，就应该付出一定的"代价"。而且这些"代价"也是值得的。

与父亲相处的时光，会存在于孩子的记忆里，等到孩子逐渐长大之后，会回想起这些自己与父亲之间发生的故事，会发现自己每一个重要的人生时刻都有父亲的身影。这对于父子关系的长期发展是非常有好处的。

父亲：男孩世界规则意识的建立者

男孩是天生的"规则破坏者"。与女孩相比，男孩挑战权威、挑战规则的意愿更加强烈。而最能让男孩树立起规则意识的那个人，就是父亲。具体而言，父亲能够传授给孩子两种重要的规则——尺度规则和道德规则。

所谓的尺度规则，就是做事情的尺度，尤其是肢体语言的尺度。

最初，小男孩做事情是缺乏分寸的，尤其是使用肢体语言时，更喜欢用全力。如果家长对孩子的这种行为听之任之，久而久之，男孩就会发展成为缺乏分寸感的"破坏机器"。但是，家长如果简单粗暴地把孩子的破坏性行为全部压制住，又会损害孩子的探索心和创造欲。所以，最好的办法就是帮助孩子认识尺度、了解分寸。

为什么父亲是能够更好地帮助孩子认识尺度、了解分寸的那个人？其实原因很简单，父亲是那个更有力量感的人。男孩会有力量崇拜的心态，往往也会肆无忌惮地使用力量。但是当他们与父亲玩耍时，会明显感受到父亲身上蕴藏着更强大的、令人震慑的力量，而且他们也会体察到，父亲在大多数时候都会克制地使用自己的力量。"克制地使用力量"，这就是父亲给儿子上的第一堂规则课。这一堂课很重要，能够帮助男孩子很好地建立起分寸感。

而道德强调的是人的内心世界和道德责任感。

心理学家发现，那些在成长过程中缺少父亲陪伴的男孩，在青春期前后更容易变得"离经叛道""不守规矩"。这是因为，母亲的爱往往是感性的，感性的爱赋予了男孩自信力和安全感；而父亲的爱则是理性的，能够赋予男孩是非观和价值观。而是非观和价值观，是人类道德的基础。

孩子的道德观的发展，需要经历三个重要的阶段。

第一个阶段是认识公平。一般来说，母亲的爱是无私的，这是一种伟大的爱，但不是公平的爱。因为无私的爱意味着一方极力付出，而一方则坐享其成、一味索取。孩子作为索取的一方，很难自觉地从母亲的无私付出中领悟到"爱需要公平"这个真理。而父亲则不同，在与孩子接触的过程中，他们往往更加"孩子气"一些。很多时候，他们会要求孩子以同等的回报来换取自己的付出，这其实在潜移默化中帮助孩子认识了公平的含义。

第二个阶段是认识情绪的阶段。能够合理地控制自己的情绪并且体察别人的情绪，也是道德的一部分。一开始，年龄小的儿童无法控制自己情绪，更不会体察别人的情绪，但是随着他们渐渐长大，会发现人和人之间存在情绪的互动。也就是说，他们的情绪可以"控制"父母的行为，于是，孩子便会学着利用自己的情绪，来谋求自己的"利益"。

第三个阶段是认识道德的阶段。道德是一种规则，但又不是一成不变的规则，在不同的圈子里，有不同的道德。有些孩子的群体，会把义气视作道德，谁不讲义气就是不道德；有些孩子的群体，会把理性视为道德，谁做出了不理性的事情就是不道德……如果任由孩子的道德观野蛮生长的话，很可能会影响孩子的价值判断。所以，家长要培养孩子的判断力，让孩子能够判断哪些道德是对的、是符合时代需要的，哪些道德是陈旧的、是背离时代需求的。而这件事情，最好由父亲来做。

Chapter 03

先有好家庭，
后有好教育

男孩身上的所有特点，都带有原生家庭教育的烙印。一个积极健康的家庭，是孩子攫取精神财富的金矿；而一个消极不健康的家庭，则会给孩子留下需要用一生去治愈的伤疤。父母想要教育好自己的孩子，必须先经营好自己的家庭，给孩子营造一个幸福而又温暖的生活环境。

男孩内心强大的基础
——既知来处，也知归途

男孩想要内心强大，必须搞明白两件事情——我从何处来，要到何处去。明白从何处来，就有了使命感，从一开始便产生了一些高于生存本能的追求；明白要到何处去，便有了底线，不会变得欲壑难填，越走越远。

对于孩子来讲，其实来处和归途，都可以最终落到一处——家庭。

家庭是孩子的来处。其实，我们可以把家庭视作一个创业团队，创业团队最重要的是什么？共同的追求和使命。如果一个家庭没有共同的追求，家庭成员就会分崩离析，整日为了一些琐事斤斤计较，孩子就会感觉自己的"根"不够牢靠，也很难产生使命感或责任感。这对于孩子的成长，是非常不利的。

家庭这个团队的创业目标是什么？很简单，第一，维持家庭的幸福氛围；第二，追求更好的物质生活。第一个目标大于第二个目标，也就是说，家庭的精神追求应该高于物质追求。说到这儿，一定会有很多人提出反对意见："没有物质的富足，哪来精神的满足？"这句话听起来有道理，但实际上有些偏执了。

我们需要明白一件事情：追求家庭幸福，并不会影响家庭成员创造物质财富。事实上，在大多数情况下，只有家庭幸福了，家庭成员才能够有更多的动力和精力去追求物质财富。如果在一个家庭中，家庭成员都认为只要物质丰富到了一定程度，家庭氛围自然会好起来，那么很容易陷入重物质而轻精神的陷阱中。结果可能有两种：第一种，物质一直都不甚富足，或者说没有想象中富足，那么便会"贫贱夫妻百事哀"；第二种，通过一番努力获得了物质上的成功，但是由于夫妻之间没有足够的感情基础去承载家庭财富，最终也是感情破裂，分崩离析。这样的事情，在我们生活中真的很常见。

所以，一个二人小家庭要先谈感情再谈物质，最终实现感情与物质两不误。而一旦有了孩子，二人家庭变成多人世界，那么构建和谐的家庭氛围就更加重要了。因为孩子对于家庭物质的多寡并不特别在意，相反，他们对于家庭氛围的感知非常敏感。一个和谐的家庭，能给孩子带来最重要的安全感和幸福感。

对于孩子而言，家庭是一个港湾，他们从这里起航，也可以在这里休憩。家庭和睦、幸福，意味着港湾很稳定，无论他们在外面遇到什么不高兴的事儿，回到家都会觉得自己是安全的，所以他们的抗挫折能力会比较强。如果家庭氛围不好，家庭不幸福，那么孩子就很难获得安全感与幸福感，性格也会变得脆弱冷漠。

想要建立良好的家庭氛围，并且让孩子能够明显地感知良好氛围的存在，最好的办法就是定期进行家庭行动。所谓家庭行动，不是指那些特别复杂、重要的活动，而是指全家人为了一个共同目标进行协作的活动。这个目标可以很大，也可以很小，不管大还是小，全家人都应该认真地对待它、完成它。

《乔布斯传》里提到过一件关于乔布斯夫妇购买洗衣机的事情。年轻时的乔布斯是一个极简主义者，家里只有几件必要的家具，空荡荡的。乔布斯结婚有了孩子之后，他就必须放弃自己以往的生活方式，开始为家庭购置一些必要的生活用品。

有一次，乔布斯和妻子决定购买一个洗衣机，这样一件小事，夫妻两个人竟然商量了两个星期。每天吃晚饭时，夫妻二人就会围绕购买洗衣机这件事情展开讨论，一开始是聊买美国洗衣机还是欧洲洗衣机，后来开始聊洗衣机的设计问题，到最后甚至开始就着洗衣机的话题聊家庭价值观问题。

虽然乔布斯是一个非常追求效率的人，但是在购买洗衣机这件事情上却显得特别没有效率，这是为什么呢？乔布斯说他将购买洗衣机这件小事视为一次家庭行动，希望可以通过这件小事营造一个良好的沟通氛围，进而促进家庭成员间感情的交流。

乔布斯的孩子长大之后，也开始加入"晚餐讨论"的队伍。乔布斯虽然很忙，但几乎每一天都会陪孩子一起吃晚饭，这是因为他把晚餐视为一种家庭行动。他认为，想要维持一个家庭的良好氛围，就必须把家庭行动的优先级提高到首位。在他看来，每到傍晚时分，其他任何事情都没有全家人聚在一起吃晚饭重要。

还有一件事情非常有趣，作为苹果手机的掌门人，乔布斯却把手机视为家庭行动的敌人，规定绝对不能把手机带到餐桌上。乔布斯的这一举措，让孩子的注意力都集中到了家庭行动上，赋予了家庭行动更多的仪式感，也增强了家庭行动的效果。

事实上，家庭行动只不过是一个形式，通过这个形式可以让家人之间的联系更加紧密。对于孩子来说，这样的"形式主义"是很有必要的，因为他们可以从这个形式中感受到家庭的意义——同心协力、其乐融融地为了共同目标而努力。当孩子感受到这一层之后，家庭便有了更多的含义，他们会明白家是带着使命出发的地方，也是远航之后回归的港湾。因为内心永远不会无依无靠，所以孩子会始终强大无比。

家长坦荡，孩子磊落

地铁上，一位奶奶跟自己的小孙子在聊天。聊着聊着，奶奶把话题扯到了孩子的妈妈身上，说孩子的妈妈乱花钱、不顾家等等。小男孩儿听了一会儿，对奶奶说："奶奶，你为什么不把这些事情告诉妈妈，好让她改正自己的缺点呢？"

奶奶很吃惊，说："这种话怎么能告诉你妈妈呢？回家之后，你可别对你妈妈说奶奶背地里说她了。"

听了这话，小男孩说道："那奶奶你也别说了，我妈妈告诉我，不能当面对别人讲的话，背地里也不要说，不然就不是光明磊落的男子汉。"

听了孩子的话，周围的人纷纷投以赞赏的目光，而奶奶似乎有些尴尬，只好说道："没错，你说得对，你是小小男子汉，哈哈哈……"

故事里这个小孩的妈妈，或许真的有这样那样的缺点，但是她最起码是一个非常坦荡的人，也用自己的坦荡教会了孩子光明磊落地做人。对于男孩来讲，磊落二字千金不换，这是父母能给他们的最好礼物。

内心坦荡、磊落的男孩，就是光明磊落的男子汉。而这也是作为一个男子汉应该具备的气质和人生态度。法国一位教育家认为："一个内心光明的孩子，必然能够在生活中自主，他有克服困难的能力和勇气，也能够在社会中找到自己的位置。"而能够给孩子以光明内心的人，恰恰是孩子的父母。

父母在孩子面前一定要保持正能量，让孩子看到父母真诚、正直和善良的一面。这种东西父母很难用语言教会孩子，只能通过自己的亲身示范来潜移默化地影响他们。

同时，我们还应该知道，男孩是"天使+恶魔"的结合体，在他们的心中，有冲动的情感、破坏的本能、争斗的基因，但与此同时，男孩也天生具备正义感、公理心等优良的品质，所以他们喜欢侠客、喜欢英雄。在男孩成长的过程中，如果他们看到的、学到的都是正能量，那么他们内心的正能量就会被更多地激发出来，成为主导他们行为的主要能量。

很多家长认为，社会残酷、人性复杂，于是希望男孩能够早早认清生活中的那些阴暗面。事实上，这样的想法大错特错。要知道，一个人总是站在阳光下，也不妨碍他看清阴影；相反，总是生活在黑暗中的人，却无法直面阳光。孩子也是如此，一个在阳光下长大的孩子，眼里总有光明和美好，即使看到阴暗的一面，依然具备爱和被爱的能力；但是如果过早地被放置到了阴影之下，他可能会失去追求美好事物的能力。

给父母的建议

要培养一个阳光积极的孩子，除了以身作则之外，父母还需要掌握一些具体的方法。以下四种建议，就可以提升孩子内心的光明度。

❶ 训练孩子的独处能力

很多哲学家都提到过慎独的概念，即人在独处的时候，要保持头脑清醒，谨慎不苟。要培养孩子这种能力，就要在孩子小的时候，多给他们一定的独处空间，教会他们在没有外界干扰的情况下学着审视自己内心的想法。这对于孩子的性格养成是大有好处的。

❷ 满足孩子要有度

家长不能满足孩子的所有需求，而且，当孩子提要求的时候，家长要设置一些界限，不能无条件地满足孩子。法国的儿童精神病科医生托马斯博士说："我们需要让孩子在他的儿童期就明白一个道理——他能获得某种东西，并不是因为内心的欲望，而是取决于他的能力。只有明白了这个道理，孩子才能获得真正的快乐。"

通过有条件地满足，让孩子知道获得是需要付出代价的，如此一来他们就不会被无度的欲望所驱使。之后，孩子就能够控制自己的欲望，进而走向光明。

❸ 正确看待孩子的某些缺点

每个人身上都会有一些缺点。有的家长不愿意直面孩子身上的缺点，总是告诉孩子"你是完美无缺的""你是最棒的"，孩子受到挫折或伤害，则告诉他们"都是外界的错，你没错"。

事实上大可不必如此。当孩子身上存在某些缺点的时候，家长不妨大大方方地指出来，并且和他们探讨解决的方法，或者去引导他们接受现实。当孩子能够正视自己，并且与并不完美的自己和谐共处后，就能够真正成为坦荡、磊落的人。

❹ 给孩子试错的机会

不要因为害怕孩子犯错，而剥夺了他们试错的机会，更不要帮他们把所有事情都处理得妥妥当当，让他们成为习惯于坐享其成的人。只有在不断尝试中长大的孩子，才能始终在尝试中进步，并对自己的能力范围有清晰的认识，知道什么事情可为，什么事情不可为，并因此而变得自信且不自负。这是做人坦荡的前提。

夫妻关系大于亲子关系

在一个家庭里，哪种关系最重要？

对于很多家庭而言，从孩子出生那一刻起，父母与孩子之间的关系就大于夫妻之间的关系。有些时候，亲子关系甚至会"覆盖"夫妻关系。也就是说，父母只关注自己与孩子之间的联系，而忽视了夫妻之间的感情维系。这是一种很危险的家庭氛围。我们必须知道一个关于家庭的真理——夫妻关系，永远要大于亲子关系。

那么，对于孩子而言，夫妻关系大于亲子关系是好事还是坏事？当然是好事，而且是很大的好事。我们设想两个场景：

第一个场景：在一个家庭中，父母都特别爱孩子，夫妻关系却很一般，甚至很糟糕。于是，孩子经常会看到爸爸妈妈对自己笑脸相迎、爱意满满，两个人相处时却冷言冷语，有时候甚至会一言不合就针锋相对、争吵不断。

第二个场景：在一个家庭里，夫妻关系很好，孩子看到的是相爱相敬的父母，两个人团结一心维系着家庭，家庭里的欢声笑语永远比争吵多。同时，父母也爱孩子，共同陪伴孩子、关爱孩子。

这两个不同家庭中的孩子，谁更幸福？一定是后者。其实，对于孩子而言，他们感受爱的能力要比我们想象的强。他们能够感受到自己家庭的温度，如果父母彼此深爱，他们就会感觉到自己生活在一个有爱的环境里；相反，如果父母彼此不相爱，他们同样也能感受到，这个时候，即便父母对孩子再好，再无微不至，他们的内心也会充满不安。对于孩子来说，家庭是他们脚下踩着的平台，如果这个平台摇摇欲坠，他们的内心自然会恐慌不安。

那些反对夫妻关系大于亲子关系的人，通常会用一句听起来非常有道理的话来阐述他们的观念，即孩子永远是自己的孩子，而爱人却不见得永远是自己的爱人。因此他们得出结论：亲子关系比夫妻关系稳固，亲子关系大于夫妻关系。

这句话听起来很正确，但实际上，它预设了一个前提——夫妻关系大概率走不到最后。也就是说，说这番话的人可能已经隐隐感觉到自己的夫妻关系不能"善终"，所以才会觉得亲子关系大于夫妻关系。对于他们来说，这种选择没有错。但是对于大多数能够将夫妻关系走到最后的家庭而言，把夫妻关系放在亲子关系之前，才能保持家庭幸福，让孩子更健康地成长。

还有一个普遍的问题，那就是很多父母忽略了对伴侣的爱，甚至对自己的爱，把所有的爱都投注到了孩子身上。其实这对于孩子来说未必是好事，因为这么多的爱，会给孩子造成很大的压力。在这种压力面前，孩子要么"负罪前行"，要么"视爱不见"。

说到底，这个世界上没有无缘无故的爱，更没有不求回报的爱，父母对孩子的爱也是如此。有些父母不求孩子在未来给予自己物质上的回报，却要求孩子用孝顺、听话来回报。在现实生活中，那些失去自我、过度爱孩子的父母对孩子的掌控欲往往也是最强的，因为他们将自己全部的爱都投入到孩子身上，所以希望孩子能够按照自己规划的路向前走，一旦孩子偏离了他们预想的轨道，他们就会觉得自己所付出的一切都"付诸东流"了，进而在感情上难以接受这样的现实。

小陈在母亲无微不至的照顾中长大，母亲爱小陈胜过爱自己，小陈不小心摔了一个跟头，自己都还没哭，母亲就会心疼得掉下泪来。有这样一个爱自己的母亲，按理说小陈应该是非常幸福的。但实际上，他感觉压力很大。因为从小到大，只要他犯了错，母亲就会说："我做什么都是为了你，你怎么就不能听妈妈的话呢？"母亲说的话让人无从反驳，所以就算小陈长大懂事之后，也只能默默地听母亲唠叨，不敢反驳一句。

高考结束之后，小陈离开家乡去外地上学，这时候，他突然有了一种逃出深渊的感觉。他觉得自己一个人漂在外地的感觉非常好，当别的同学都在盼望放假回家的时候，他却总以勤工俭学为借口，拒绝回家。

毕业之后，小陈坚决要留在上大学的城市工作，这当然遭到了母亲的强烈反对。母亲告诉他："你必须回家，不许留在那里！"母子二人爆发了第一次激烈的冲突，当然，母亲依旧选择老办法，一边哭泣一边诉苦："你知不知道，你在外地上学的时候，我每天都吃不下饭睡不着觉，没有一刻不担心你。你却一点也不理解我的苦心，真是个不孝顺的孩子。"

小陈虽然内心有所愧疚，但是这一次他铁了心，坚决不回家，母子二人的关系也因此受到了严重的影响。

发生在小陈母子身上的事情，其实并不少见。现实生活中，很多来自家长"无私"的爱，不仅绑架了孩子的自由，也给他们的心理造成了巨大的伤害，最终成了破坏亲子关系的罪魁祸首。

我们都想让孩子成为更好的人，可想要让孩子成为更好的自己，首先要让自己成为更好的自己。懂得自爱、相爱的父母，才能教出懂得自爱、爱人的孩子。黎巴嫩诗人纪伯伦写过一首《致孩子》，或许可以给家长一些启示。

你的孩子，并不是你的孩子，

他们是生命对于自身渴望而诞生的孩子。

他们借助你来到这个世界，却并非因你而来，

他们陪伴你，却并不属于你。

你可以给予他们爱，却并不能给予他们思想，因为他们有自己的思想。

你可以庇护的是他们的身体，却不能庇护他们的灵魂，

因为他们的灵魂属于明天，属于你在梦境中也无法达到的明天。

你可以拼尽全力，变得像他们一样，却不要让他们变得和你一样。

因为生命不会倒退，也不可能在过去停留。

你是弓，你的孩子是弦上即将发出的生命箭矢。

弓箭手遥望着未来之路上的箭靶，

用尽力气将你拉开，使箭射得又快又远。

你怀着愉悦的心情在弓箭手的手中弯曲吧!

因为他们爱一路飞翔的箭，也爱无比稳定的弓。

父母千万不要认为孩子就是生活的全部，相反，父母要用全部生活去影响孩子。让孩子看到父母对于生活的热爱、对于生活的执着、对于家庭的爱。把夫妻关系放在亲子关系之前，好好地爱彼此，才能做到好好地爱孩子，进而让他们感受爱、懂得爱，并且成为更好的自己。

"鸡娃"家庭要不得

"鸡娃"，是当下比较受争议的话题。"鸡娃"家庭指的是那些花费巨额资金，让孩子从小游走于各种补习班的家庭。这样的家庭，在一线城市非常常见。

很多家长，因为担心孩子，尤其是男孩，太贪玩，输在起跑线上，于是用各种补习班把孩子的时间填满，希望他们总是走在别人前头。因而，"鸡娃"家庭中的男孩，更容易与父母产生冲突。结果亲子关系势同水火，家里鸡飞狗跳，孩子泪汪汪、家长苦哈哈。那么，"鸡娃"家庭到底好不好，这种教育模式究竟对不对呢？

关于这个问题，每个人都有自己的想法，有的人表示支持，说绝对不能让孩子输在起跑线上，别人都在往前跑，我的孩子就不能落后；有的人则持反对意见，认为这种教育剥夺了孩子的快乐童年，是泯灭人性的反人类教育法。

听起来似乎都有道理，不过，在判断谁对谁错的时候，我们不能仅仅根据自己的喜好去下结论，还应该从这一现象背后的深层原因加以分析。

专家告诉你

之所以会涌现出大量的"鸡娃"家庭，是因为我们的教育回报率很高。也就是说，在很多一线城市中，那些在孩子的教育上大量投资的家庭，将来会获得比较高的回报，孩子的未来更好、生活更幸福；相反，如果不重视孩子的教育，就算将来孩子再努力和拼搏，与条件差不多的同龄人相比也会有巨大的差距。

在这样的环境下，如果不更多地投资孩子的教育，那么孩子将来就可能会落后于人。有一项统计表明，1996年到2006年之间，职场上的人每多接受一年教育，工资收入就要比同龄人高20%。这个差距是如此明显，所以逼着家长不断地逼迫孩子。

不要把"鸡娃"变成"毁娃"

既然"鸡娃"难以避免，那么是否意味着我们必须在这条路上一条道走到底呢？其实并不是，因为在现实生活中，很多家长不是在"鸡娃"，而是在"毁娃"。这些家长有一个共同特点，即以竞赛的思维培养自己的孩子。

人物小档案

姓名：涵涵

身份：小学二年级学生

困扰：爸爸看别的孩子上课外班，也急着给他报

结果：他喜欢的数学都没时间学了

涵涵今年才7岁，刚刚上小学二年级，但是涵涵的爸爸已经感到一种紧迫性了，因为他发现，涵涵的同龄人似乎都比涵涵优秀。

单位聚会，同事家8岁的孩子表演了一段尤克里里独奏，引得掌声不断。涵涵爸爸心想："瞧瞧人家，小小年纪就掌握了一门乐器，只要一表演，就赢得满堂喝彩，孩子的自信心还不噌噌地往上涨？不行，我也得让涵涵掌握一门才艺。"

于是，刚回到家，爸爸就对涵涵说："以后，你周六上午去学数学思维，下午再学个乐器。你说，你对什么乐器感兴趣？"

涵涵愁眉苦脸地说："我喜欢吹体育课上的那个哨子，这算不算乐器？"

涵涵爸爸简直要气炸了，说："哨子？别人表演乐器，你拿出来个哨子？你能吹出花儿来？"接着又说，"我看你也别选了，我帮你选吧。钢琴？不行！那玩意儿太重，没办法走到哪儿演到哪儿；小提琴？不行！那玩意儿太贵，投入太大。这样，你学个笛子吧，这也是一种民族乐器。"从此，涵涵走上了学习笛子之路。

过了一段时间，涵涵爸爸到邻居家做客，看到邻居家小孩正在练习诗朗诵，把

一首《再别康桥》念得荡气回肠。涵涵爸爸听得如痴如醉，忍不住夸赞说："你家小孩有当朗诵家的天赋。"

邻居客气地说："哪有什么天赋？不过跟着老师学习了半年多，没想到进步还挺大。"

涵涵爸爸心想："原来这玩意儿也是可以学出来的。"于是，涵涵周日上午也有事儿干了——去学朗诵。

实际上，涵涵既不喜欢吹笛子，也不喜欢朗诵，倒是对数学比较感兴趣，可是因为花了大量时间去学笛子和朗诵，最后不仅笛子吹得断断续续，朗诵起来有气无力，就连数学也耽误了。

涵涵爸爸犯了一个错误，就是以竞赛的思维去培养孩子，而且，他的竞赛对象还不是某一个孩子，而是所有孩子。他试图让自己家孩子在所有领域都超过"别人家的孩子"，这是不现实的。就算是爱因斯坦也只能在物理学领域超过其他人，让他在钢琴上超越贝多芬、在数学上超越多斯、在心理学上超过詹姆斯，可以说是天方夜谭。

因此，在教育孩子的时候，我们必须信守一个原则：让孩子学习的，应该是以后有用的，或是他们自己的兴趣所在。有了这个原则之后，我们就会发现很多学习项目其实是可有可无的。比如，你的孩子明明没有音乐天赋，对它也不感兴趣，你却非逼着他学音乐。

不要觉得孩子有无限可能，你只需要抓到他们最大的优势，并将其发挥到极致，就可以让孩子有更好的未来。只有懂得了这个道理，才不至于让"鸡娃"变"毁娃"，让孩子"白受罪"，也才能让孩子的付出在将来有所回报。

家庭有冲突，怎么和孩子说？

一个幸福的家庭，对于孩子的成长是非常重要的。可问题是，即便是再幸福的家庭，也未必永远保持和谐，难免会有争吵和冲突，因为就是锅盖也有碰到锅沿儿的时候。

如果我们的家庭在某一个时刻或某一个时期出现不好的氛围，如何才能减少给孩子带来的伤害？其实，这是作为父母需要掌握的一项重要技能。

很多夫妻都有这样一个原则——绝不在孩子面前争吵。这些人认为只要不在孩子面前争吵，孩子就不会被夫妻间的争吵所影响。这种认识是不对的。孩子对父母之间关系的好坏有着高度的敏感性，即便父母不在孩子面前争吵，所表现出的冷漠、疏离、紧张，也会被孩子捕捉到。而且，由于孩子不知道这种异样的氛围从何而来，所以更容易因此感到焦躁不安。

当大人吵架时，应该怎样保护孩子？

有一项研究表明：从6个月开始，如果父母之间说话的语调与平时不同，孩子就能感受到，并且做出反应；从1岁开始，孩子已经能够从各种蛛丝马迹中去辨别父母之间关系的成色。而直到19岁，也就是成年之后，孩子依然对父母之间的冲突保持高度敏感。所以，想要通过"掩饰"来躲避子女对父母关系的"追查"，效果往往不会太好。

那么父母应该怎么办？其实很简单，当夫妻之间有冲突、发生争吵了，可以直接对孩子说："爸爸妈妈在某些事情上有点分歧，所以没有控制好自己的情绪，这是爸爸妈妈之间的事，不是因为你们，和你们没有关系。"

这样直白地告诉孩子，也许是最好的办法。大家都知道吵架是坏事，所以要尽量避免，可是避免不了怎么办？只有直接面对。争吵本来就是生活的一部分，大人需要明白这个道理，孩子也需要明白这个道理。只要生活中不是天天都发生争吵，孩子是可以接受的。

与此同时，家长千万要提防类似情况的发生：一方在孩子面前说出不当的言论，另一方马上反驳，大声说："你怎么能在孩子面前说这种话？你知道这对孩子会产生多大的伤害吗？"

这样的表述是非常错误的，因为这番话会给孩子一个暗示："家长吵架肯定会伤害到我，还是严重的伤害。"如此一来，家长之间的任何语言冲突都会给孩子造成很大的伤害。在爸爸或妈妈的照看下，小孩子摔了一个跟头，如果双方都以比较平静的心情去面对，小孩子就不会觉得自己有多疼、有多怕。但是如果父母紧张兮兮，赶紧上前安慰说："怎么这么不小心？把孩子摔倒了，万一摔坏了怎么办？"这个时候，孩子即便不怎么疼，也会哇哇大哭起来。因为他们从父母的话语中感受到：摔跤的后果很严重，会给自己带来很大的伤害。以后每次摔跤，他们都会哭，

都会害怕。

另外，如果夫妻两人吵架的时候，把孩子"带"进来，那么就会把二人冲突变成多方冲突。这会让孩子觉得：爸爸（妈妈）的这个行为，伤害的不仅是妈妈（爸爸），还有我们这个家。如此一来，问题就进一步扩大了。孩子会想："爸爸妈妈吵架的时候，我该去帮谁？我要站在谁那边？"一旦孩子开始这样想，夫妻口角的性质就变了，孩子被卷进来了，小小年纪就要承受吵架带来的压力。

所以，当夫妻吵架的时候，一定要把孩子排除在外，告诉他们：这是爸爸妈妈之间的事情，和你们没有关系。千万不要拉着孩子"进攻"另一方，或是让孩子帮自己，替自己说话。孩子还小，没有能力卷入大人的糟心事；他们也不是裁判，不能去帮大人评判谁对谁错；他们更不是大人用来攻击另一方的工具。

给父母的建议

那么，父母应该如何去做呢？

① 把孩子隔离起来，并且弥补对于孩子的伤害

吵架的时候，父母要把孩子隔离起来。吵架过后，父母还需要想办法弥补对孩子造成的伤害。

为了弥补这种伤害，父母首先要对孩子说："爸爸妈妈都很爱你。"记住，是"爸爸妈妈都很爱你"，而不是"爸爸（妈妈）很爱你，妈妈（爸爸）如何如何"这样的蠢话。父母可以适当地在孩子面前坦白家庭中的一些小矛盾，但是永远不要在孩子面前做出"割裂"家庭或指责另一方的行为。这会让孩子极度恐惧，失去安全感和被爱的感觉。

② 安慰孩子，给予孩子正确的心理辅导

告诉孩子："爸爸妈妈有时候因为心情不好会吵架，这很不好，以后我们都要学会控制自己的情绪。不过即便爸爸妈妈吵架了，也很快会和好的，你不要害怕。"

把争吵这件事情告诉孩子，并且让孩子知道：吵架只是吵架，不会影响父母的感情，不会永远过不去。同时，父母要让孩子意识到，爸爸妈妈也不是完美的人，有时候也会控制不住自己，也有搞不定的事儿。

总之，每个家庭都有矛盾和冲突，每对夫妻都会争吵，但是既然已经发生了，父母就需要让孩子了解事情的真相，与孩子一起去面对，而不是躲躲闪闪、隐瞒欺骗。当然，在这个过程中，父母要给予孩子正确的引导，给予他们心理辅导，避免让他们受到不良影响。

Chapter 04

男孩因自信而强大，因强大更自信

男孩的自信，来自他们的力量感。当他们能够感受到自己身上的能量，并且恰当地使用自身能量时，自信便会源源不断地迸发出来。作为家长，我们需要帮助孩子认识他们自己的非凡之处，也需要引导他们朝着自己所擅长的领域一路飞奔，最终培养出自信且不自负的真正男子汉。

父母的质疑，只会让男孩觉得无能为力

父母的质疑，永远都是男孩生命中最不可修复的伤痛。质疑，会让男孩失去自信，不由自主地怀疑自己是否真的很糟糕，并且让他们觉得自己无能为力。

没人喜欢被质疑，就算是大人也一样。偶尔遭到质疑，我们的内心会难过，会不服气，然后会想办法证明自己。这个时候，我们的自信还在，对于之后的生活与事业也没多大影响。可若是遭到的质疑过多，或是经常被质疑时，我们的自信心就会逐渐崩塌，变得越来越敏感，越来越自卑。

男孩就更是如此了。因为孩子对自我还没有完全的认知，心智还不太成熟，一旦被质疑，就会错以为自己真的不行。更为严重的是，孩子一旦失去信心，跟随着父母的思想而不断质疑和否定自己，那么自信就很难建立了。

父母的长期否定，容易造成孩子的不自信

有个男孩峰峰，成绩还不错，但算不上优秀，排不上班级前几名。因为爸爸妈妈小时候都是学霸，现在也是自己专业领域中的翘楚，所以，他们对峰峰的能力产生了质疑："你是我们的孩子，为什么没遗传到我们的智商和天赋呢？""你现在成绩这样普通，将来可怎么办？""你看看你，成绩怎么就上不去呢？之后能考上好学校吗？能有出息吗？"

一次次的质疑，让峰峰的自信心逐渐崩塌，怀疑自己真的很笨，根本就不像是爸爸妈妈的孩子。之后，他的成绩越来越差，特别是数学，每次都考得一塌糊涂。于是，爸爸妈妈对峰峰更加失望，言语中除了质疑，更多了一些否定。爸爸妈妈越是质疑和否定，峰峰的自卑就越严重，学习成绩也就越差。这样的情况不仅体现在学习上，也体现在生活和交际上，无论峰峰做什么事情都是唯唯诺诺的，不自信、不勇敢。

就这样，峰峰的表现形成了恶性循环：成绩不好—被质疑—不自信—成绩更差—被质疑与否定—敏感、自卑—成绩更糟糕……

每一个"坏孩子"，都是不被认可的孩子；每一个"笨孩子"，都是被质疑的孩子。事实上，真正让男孩不够好的，不是他们本身不聪明、能力不行，而是被父母质疑而导致的不自信。

每个人都有自我价值感，它是一个人对自己所抱有的信心和能力感，而这种自我价值感是需要从小就开始培养的。如果父母从小就认同、赞扬、鼓励孩子，他们就可以形成自我价值感，相信自己有能力，并且感受自己的能力，在之后的学习和生活中表现得自信、自尊和自强。可若是父母从小就不认同、质疑、否定孩子，他们就很难建立自我价值感，自然也就很难产生自信，之后往往表现出自卑、自暴

自弃。

做父母的要多肯定和鼓励孩子，在孩子表现好时，不要吝啬自己的赞美，要多说一些表扬的话。比如："你是爸爸妈妈的骄傲，我们都为你感到自豪！""你这次表现非常不错，因为之前付出很多努力，再加上你的聪明……"即便孩子表现不佳，父母也不要一味批评和质疑，而是适当地给予他们鼓励与支持。比如："没人能做得尽善尽美，你已经尽自己最大的努力了。我们相信你，或许改变一下思路或是方式，下次就会有很大进步！""你这次成绩确实不尽如人意，但是不要气馁和失去信心。你要相信，失败是成功之母……"

把否定换成鼓励，孩子会自信很多

男孩的内心本不脆弱，有了父母的肯定与鼓励，便可以重燃信心，进而做得越来越好。不信，看齐瑞的表现就知道了。

一天，齐瑞放学回家后告诉爸爸一个消息，说老师指定他与班里另外一位同学合作办一期以"元旦"为主题的黑板报，且这次黑板报会在校内进行评选。爸爸很高兴，说："这很不错啊！老师让你参加这个活动，说明对你的绘画能力和设计能力很肯定和赞赏。你要好好去做哦！"

于是接下来的两天，齐瑞都在设计黑板报的板块和图案，并与那位同学沟通如何与文字内容相配合。但是第三天放学回来，齐瑞显然有些沮丧，脸上满是不开心的表情。爸爸问道："瑞瑞，你怎么了？是不是发生了什么事情？"听了爸爸的询问，齐瑞情绪低落地诉说了自己的委屈，说那个同学对他的设计与图案并不满意，还质疑起他的绘画能力。

爸爸温和地说："孩子，我相信你的能力。可能是你们没有沟通好，也可能是你想错了方向，只要你们多沟通，你再多用些心思，肯定能呈现出更好的效果。你要知道，没有人能一次就把事情做得尽善尽美，所有的尽善尽美都是在一步步地改进中诞生的。你要对自己有信心，知道吗？"

听了爸爸的话，齐瑞很快从自我质疑中跳脱出来，开始改进自己的设计与图案。结果，经过他与那个同学的努力，他们班级的黑板报在评比中拿到了第一名，并且受到了校长的夸奖。

看到了吧！在成长的过程中，男孩最需要的就是自信。而自信从来不是与生俱来的，是通过后天的培养与经历磨炼而来的。自信的建立真的很难，需要很长时间；但是毁灭自信却很容易，往往是一瞬间的事情。父母的质疑，就是扼杀孩子自信的最可怕的武器。因此，想要男孩强大且自信，千万不要轻易质疑和否定男孩。

给父母的建议

❶ 不要直接或间接地质疑男孩

很多父母都习惯于质疑男孩，有的是直接质疑，有的是间接质疑。那些直接质疑就是否定，比如"你行不行""你会不会"等话。这些话只会传递给男孩负面的信息，让他们的心灵受到伤害，失去自我价值感，进而变得越来越敏感和不自信。而间接的质疑则是男孩一开始做事，或是做到一半时，父母就把事情揽过去。这好像在告诉男孩"你不行""你做不好"，让他们觉得自己能力不足，慢慢地失去做事的信心与勇气。

❷ 尽量不把男孩与别人做比较

当我们发现男孩喜欢把"我不是最好的""我没别人优秀"等话语挂在嘴边时，就要警惕了。这说明他们可能不自信，或是存在着深深的自卑。在教育男孩时，千万不要总是拿他们与别人比较，这种比较，就是对他们能力的一种质疑，会让他们开始自我怀疑。当发现自己真的不如别人时，他们的内心就会产生失落感，甚至陷入沮丧，从此一蹶不振。

❸　不要吝啬对男孩的鼓励与夸奖

鼓励是孩子相信自己的源泉，夸奖是孩子勇敢前进的动力。因为一句话，让男孩改变自己，变得自信满满、积极向上，这才是教育的力量。父母不要吝啬对男孩进行鼓励与夸奖，这样他们就会用积极的态度面对表现不佳或失败的情况，认识到自己的优点，然后变得自信满满。

英国文学家培尔辛说过："除了人格以外，人生最大的损失，莫过于失掉自信心了。"所以，千万不要让男孩因为你的质疑而失去自信心。

不赶走自卑，何谈自信？

很多父母发现自己的孩子性格上有些自卑，不敢正视别人的眼睛，说话声音小得像蚊子一样；不敢参加比赛、竞争，不敢在班级中表现自己；做事时表现出胆怯和犹豫，不相信自己能做好；容易害羞，在公众场合不敢发言；害怕被批评和否定，一旦遭到父母的批评，情绪就极度低落，更加不敢说话做事情……

其实，自卑不是与生俱来的，它属于一种性格上的缺陷，是一种"理想的自我"和"现实的自我"无法统一的巨大心理障碍。对于男孩来说，自卑就像是一把心灵枷锁，不仅会锁住他们的开朗、积极、勇敢、自信，还会锁住他们的行动，让他们无法奔向美好的未来。

造成男孩自卑的原因有很多，有的源于自身认识不足，比如身体上有不足，长得不算好看、过胖、口吃等；有的源于别人的负面评价，比如同学老师的批评、挖苦等。但更多的是源于父母的一些错误教育。父母很喜欢包办孩子的事情，漠视孩子的想法，要求他们必须听从自己的指令；喜欢把孩子与其他孩子做比较，当孩子不如别人时，就表现出失望的情绪，甚至大加指责；很少陪伴孩子，让孩子失去安全感，变得敏感而脆弱；喜欢批评和否定孩子，很少给予肯定和赞扬；时常给孩子泼冷水，就算孩子取得一些成绩，仍说他们做得不够好；脾气暴躁，容易向孩子发火，让他们觉得自己做什么都是错的。

幼儿时期是男孩性格形成的关键时期，家长若是在孩子因为自身或其他人的负面评价而出现自卑的苗头时，不能及时给予引导和帮助，或是采取错误的教育方式，让孩子很难找到自我，很难建立积极的心态，那么就会让孩子感到自卑。这种性格一旦形成，就会吞噬孩子坚守的信心阵地，让怯懦、消极甚至是迷茫伴随一生。

专家告诉你

　　从心理学上来说，自卑的孩子内心是渴望成功的，是渴望能建立信心的。为此，他们可能会与自己不断地斗争，企图让自己从自卑的泥潭中挣脱出来。但是，因为自我否定的意识太强了，他们会不断释放一些信息，告诉自己"我就是自卑""我不行"，最终在这种斗争中败下阵来。所以，父母要给予孩子引导和帮助，在他们自我怀疑、感到害怕、找不到自我的时候给予积极正面的鼓励，让他们消除自卑，建立自信。

　　父母是男孩最信任、最依赖的人，而有了父母的鼓励与支持，男孩就有了精神力量，变得越来越相信自己。

及时疏导孩子，让他们重新找回自信！

人物小档案

姓名：孙岭

身份：小学五年级学生

困扰：要参加比赛，担心拿不到好名次，压力大

结果：经过妈妈的鼓励，他放松下来，拿了第二名

孙岭的英语口语非常好，可以与外国人自如地交谈，所以被选上参加市里举办的中小学生英语口语大赛。他是学校唯一一个参赛选手，整个学校的老师和领导都对他寄予厚望。在老师眼里，11岁的孙岭一直都是好学生，成绩优异，性格温和。但是，很少有人知道，其实他有些自卑。他从小身材有些发胖，被同学们叫作"小胖子"。因为这个"缺陷"，他害怕与人交流，也不敢在公开场合说话。

在父母的引导和鼓励下，他虽然有了一些改变，但是面对这样的比赛，还是表现出忧虑不安。他认为自己没有那个能力，担心自己拿不到好名次。于是，越接近比赛，他心理压力越大，内心的恐惧越严重，甚至晚上躺在床上翻来覆去睡不着。

妈妈感觉到孙岭的情绪出现了异常，便找他好好地谈了一次话。一天晚饭后，她走进孙岭的卧室，微笑着说："岭岭，我发现你这几天状态不太好，是不是因为要比赛而紧张？"

孙岭低着头，说道："妈妈，我总觉得心里没底，没有信心。万一发挥不好，拿不到好名次，怎么办？学校领导会不会对我失望，同学们会不会嘲笑我？"

妈妈抚着他的肩膀说："岭岭，你是一个优秀的孩子，英语口语非常棒。你是爸爸妈妈的骄傲！我知道你现在有压力，但是你想想看，全校几百人报名参赛，只有你被选中了，说明你确实很棒。你只要放松一些，正常发挥，一定可以取得不错

的成绩。"

　　同时，妈妈还教给孙岭一些缓解紧张和恐惧的方法，比如深呼吸、积极地自我暗示等。经过妈妈的开导与鼓励，孙岭的焦虑与恐惧缓解了许多，他笑着对妈妈说："妈妈，谢谢你！我现在踏实多了，我相信自己一定会取得好成绩！"最后孙岭果然不负众望，拿到了全市第二名的好成绩。而从那之后，他的自卑也被赶走了，变得越发积极自信。

　　一位哲人说得好："谁拥有自信谁就成功了一半。"可以说，自信是男孩成长过程中的精神核心，是促使他们面对困难、努力实现自己梦想的不竭动力。所以，若是你的孩子有自卑心理，一定要帮助他们赶走自卑，并且引导他们建立足够的自信。

给父母的建议

❶ 逃离苛求完美的怪圈，让男孩避免自责

　　比女孩相比，男孩神经"大条"一些，不容易陷入敏感的情绪之中。但是，不管男孩还是女孩，都很看重自己的得失成败，看重父母对于自己的态度。

　　父母苛求完美，不能容忍孩子身上有一点缺点，不允许孩子有一点失败，这会让他们越来越敏感，陷入自责的情绪之中，进而越

来越自卑。成绩不理想，他们会无比失落，认为自己笨；有了点小失误，他们会变得多愁善感，认定自己一无是处；失败了，他们会意志消沉，不敢再尝试与努力。

可以说，父母苛求完美，很容易造成孩子心理上的极度不平衡。所以，父母一定要逃离苛求完美的怪圈，并且引导男孩接受自己的不完美，进而走出自卑的困境。当男孩在心理上做好准备，明白挫折、失败、缺点、不足都是普遍存在的，那么之后就算遭遇挫折，他们的心理承受能力也会增加，不会因此自卑和消沉。

❷ 为男孩提供一些自我表现的机会，增强他们的信心

当男孩表现出自卑时，我们不妨给他们安排一些简单、能顺利完成的事情，等到他们完成之后再给予适当的鼓励和称赞，让他们体验到战胜困难、取得成功的欢乐。孩子能做的事情越多，成功的概率越大，就越容易建立自信。

当然，我们需要注意两点：当孩子遇到困难时，要及时给予引导和指点；要循序渐进地增加事情的难度，促进孩子的能力有所提升。

❸ 培养男孩自我激励的能力，让他们学会自我表扬

一个善于自我激励的人，总是能发挥自身的潜能，创造出超越自我能力的成就；而一个不会自我激励的人，就算再有天赋，也无法发挥最大的能力，取得理想的成绩。所以，在男孩的成长过程中，父母要让他们学会自我激励和自我表扬，懂得不断地给自己加油鼓劲。

　　积极的自我暗示，是一种较为普遍的自我激励方式。当男孩做一件事情时，教他们不断地暗示自己"我能行""我可以做到"，在多次积极的自我暗示后，他们的行为自然就会积极勇敢很多，结果也会好很多。同时，自我夸奖也是一种较为有效的方法。时常对自己说："我很棒！""这次我有进步了，给自己一些掌声吧！"慢慢地，男孩就会在内心认可自己，然后变自卑为自信，突破困境。

自信、自负还是自大？男孩从小要辨明

对于男孩来说，自信是生命中的一把火炬，高擎着它就能照亮人生的每一个阶段，照亮内心的每一处角落。有自信，才能让自身充满活力，对自己的能力有一个正确的判断和把握，不断给自己加油鼓劲儿；有自信，才会有较高的自我价值感，才能更积极、勇敢、强大，对这个世界有更好的适应力，然后在未来更有出息。

每个男孩都希望自己足够自信、足够强大，每个家长都致力于培养男孩的自信，从小给予他们支持与鼓励。可是，很多男孩，甚至很多家长都忽视了一个问题：自信与自负只有一步之遥。若是过于自信，孩子就会变得自负，过高地估计自己的能力。而自负之后，男孩就可能变得自大，甚至目中无人。

自信与自负、自大，虽然只有一字之差，但是人的心态、品性却差别很大。自信是一种好心态、好品质。男孩若是自负，通常都有片面的自我认知的缺点，会高估自己的能力，始终相信自己是最好的、最棒的，结果很容易失败。而且，自负的人通常无法接受别人超越自己，一旦发现有人超越自己，就会内心不平衡，甚至可能产生嫉妒心理。而自大的男孩，本质其实是自卑的，因为对自我不接纳，所以会构造出一个比真实的自己优秀很多的虚假的自我。一个自大的男孩，就像是一只纸老虎，根本经不起考验，轻轻一戳就会破掉。

父母要教孩子学会如何辨明自信、自负与自大

三国时期的马谡就是自负的代表。他是有才华的，要不然也不会受到诸葛亮的器重，被起用为先锋，负责镇守街亭这个重要阵地。但是，恰恰因为有才华，他过于自负了，太相信自己的能力，小看了魏国将领的实力。到街亭后，自负越发膨胀，逐渐演变为自大、刚愎自用，最后失了街亭，落得身首异处的下场。

那个"夜郎自大"的夜郎国国王，也是一个典型的自大者。

夜郎只是汉朝时我国西南方的一个小国，虽然是一个独立的国家，但国土面积小，百姓少，物产更是匮乏。不过，因为邻国都没有夜郎大，且夜郎国国王从未离开过西南一隅，他便以为自己的国家是这个世界上最大的国家，并且为此沾沾自喜。

一天，夜郎国国王与部下巡视边境，他环顾四周，问道："这里最大的国家是哪个？"臣子们为了迎合国王的心意，便都附和着说："当然是我们夜郎国！"国王非常高兴，继续巡视。过了一段时间，国王看着眼前的高山，问道："天底下还有比这座山更高的山吗？"臣子们继续附和："这是最高的山，天底下没有比它更高的山了。"他们又来到一条河面前，国王继续问："这是天底下最长的河流了吧。"臣子们依旧附和着。由此，夜郎国国王更加确定，自己的国家就是世界上最大的国家。

后来，汉朝使者出使西南一带，途中经过夜郎国，自大而又无知的夜郎国国王竟然问他："汉朝和我们国家相比，哪个大？"汉朝使者感到非常惊讶，他没有想到这个国王竟然如此不知天高地厚，还妄想与汉朝一比高下。

对于夜郎国国王来说，因为他从未离开过西南一隅，没有见过更大的国家、

更大的山川河流，所以无知且自大地认为自己的国家是最大的，自然也不懂得山外有山，人外有人的道理。可以说，自大与无知，是紧密联系的。因为无知，所以自大。同时，也正因为自大，无法跳出自我的限制，所以更加无知。

成功大多来源于自信，而失败大多来源于自负与自大。

一个叫小镇的男孩，很有音乐天赋，小提琴拉得非常棒，只要听过他拉小提琴的人无不赞赏他的才华与天赋。于是，在一片赞美声和掌声之中，小镇变得越来越自负，认为自己是一个天才，将来一定能成为尼科罗·帕格尼尼那样的大师。

他看不起和他一起参加比赛的选手，当评委夸奖对方演奏得非常出色时，他一脸蔑视地跟爸爸说："这就算是出色吗？他的小提琴拉得真烂，我都听不下去了！"他甚至听不得老师的指导，老师纠正他拉错的一个音节，他不服气地反驳："我根本没有拉错！"

小镇总觉得自己是最好的，不喜欢与同学们探讨，不愿意向老师请教，而是沉浸在自己的"天才"之中。就这样，他一直停留在原来的水平，没有进步，原本的天赋也被埋没了。

父母必须及时给予孩子教育和引导，教会他们正确地认识自己，并且告诉他们自信与自负、自大的区别，避免让他们陷入其中。

给父母的建议

① 引导男孩客观地认识自我

自信源于自我，自负与自大也源于自我。只不过前者是正确地认识自我，相信自我，并且能活出自我。而后两者是错误地认识自我，没有自知之明，不能活出真实的自我。盲目地自负，往往表现为有一点能力就觉得自己了不起，以至于只看到自己的长处，而看不到自己的短处；或是不谦虚，不知道人外有人，天外有天，一味地突显自己，因而始终无法取得进步与有更大的发展。

❷ 采用正确的方式来赞扬和鼓励男孩

对于年幼的男孩来说，父母的教育与影响是至关重要的。赞扬与鼓励，确实对孩子有积极的推动作用，能让他们变得自信与勇敢。但是错误的赞扬与鼓励的方式，也会不可避免地产生不良的后果。比如，一味地夸奖男孩，把他们捧上天，会把他们推向自负、自大，让他们认为自己就是这个世界上最厉害的人。再比如，只赞扬孩子聪明，却不赞扬他们的努力与进步，孩子很有可能认为"我很聪明，不需要努力与付出就可以获得成功"，进而让孩子形成固定性思维。

❸ 引导男孩学会自省，改掉自负与自大的缺点

自省，是男孩必须掌握的本领。学会自省，他们就会审视自己，正确认识自己，进而发现自身的缺点和不足。

在自负、自大的男孩眼里，自己是完美的。但是，我们都知道，每个人都会有缺点。无法认识到自己的缺点和不足，孩子就不可能真正成长，更不可能有好的人生。所以，引导男孩学会自省，学会排解内心的负面情绪，久而久之，他们就会变得自信而又强大。

需要杜绝迷之自信

网上流行着这样一句话："他明明看起来那么普通，却偏偏那么自信。"这说的就是那些迷之自信的人，所谓迷就是来源不明，这种自信不是建立在有形的物质上的，也不是建立在看得见的才华、能力、背景上的，而是建立在自身"强大的内心"之上的。

自信，本是褒义词，是指一种积极的心态。但是加上"迷之"，就变成了贬义词，就是一种类似自负、自大的心态。而且，迷之自信更可怕，因为自负、自大毕竟有才华或能力，而前者通常是没有才华和能力的，是对于自我的一种极其错误的估计。

成年人会迷之自信，未成年的男孩也会如此。回想一下，类似的情形是不是时常发生：

期末考试之后，你询问孩子考得怎样，孩子自信地说："完全没问题！那些题太简单了，我保证能考95分以上！"

结果成绩一塌糊涂。

孩子想要竞选班长，你询问他是否有信心，是否能胜任，孩子直接说："当然！我是班级里最有能力、最有影响力的，大家都喜欢我、听我的。只要我参加竞选，他们都会毫不犹豫地选我！我不胜任，还有谁能胜任！"

结果孩子落选了，且只获得十几票。

这就说明孩子陷入了迷之自信，不考量自己的实力与能力便盲目地自信，认为自己无所不能。

男孩似乎更容易迷之自信！

心理学上有一个名词，叫作邓宁-克鲁格效应，它其中一种表现就是能力欠缺的人无法正确认识到自身的不足。而这种现象是不是跟迷之自信差不多？

1999年，心理学家大卫·邓宁和贾斯廷·克鲁格做了一个实验，他们让参与实验的人评估自己的能力水平，结果显示：真实水平最低的一组，却认为自己比真实水平高的人更强。经过实际测试之后，他们依旧认为自己的成绩非常不错。

经过多次实验，大卫·邓宁和贾斯廷·克鲁格得出这样的结论：越是能力差的人，越容易高估自己；越是能力强的人，越容易低估自己。这种情形涉及很多方面的技能，包括阅读、驾驶、下棋、语法等。

大卫·邓宁和贾斯廷·克鲁格之所以进行这样的实验，是因为他们看到过一则非常愚蠢的犯罪新闻。

有个劫匪在光天化日之下，一小时内连续抢劫了两家银行。令人大跌眼镜的是，这个劫匪什么伪装都没做，没有戴面罩之类的。通过调取监控录像，警察清晰地看到了他的真实面目，包括身高、体重。

警察立即让当地电视台播出了录像内容，向社会大众征集这个劫匪的信息。几分钟后，有人提供了有价值的线索，一小时后，警方直接来到劫匪的住处，将他逮捕了。面对"突然来袭"的警察，劫匪不敢置信，大声喊道："我明明抹了果汁呀。"

原来，一个偶然的机会，这个劫匪发现柠檬汁可以当作隐形墨水用，在纸上写字只能呈现微弱的褐色。他因此突发奇想：如果我把柠檬汁抹在脸上，是不是摄像头就拍不到我了？于是，他起了邪念，堂而皇之地抢劫了银行，并且认为自己永远都不可能被抓到。

就这样，一个世界上最愚蠢的罪犯诞生了。

哲学家罗素认为："这个世界的麻烦就是傻瓜非常自信，而智者总充满疑虑。"上面所讲的那个愚蠢的罪犯就是因为无知才高估了自己，进而产生迷之自信。很多时候，孩子对自我认知不够，并且对一些事情认知不够，非常容易产生迷之自信。

或许很多人认为，迷之自信没什么不好，有自信，才敢行动；不自信，那就肯定什么事也做不成了。没错，有自信是好事，但是盲目地自信，没有缘由地自信，或是对事情一无所知却还自信，那就离谱了。

父母要让男孩明白：自信应该建立在真正的能力上，或是过去的成绩上。这看起来确实靠谱很多，毕竟有真正的能力，加上之后的努力，才可以取得成绩；而取得成绩后继续提升自己，才可以取得更大的进步。

给父母的建议

❶ 父母要明确地分清：男孩究竟是自信还是迷之自信

对于成长中的男孩来说，他们的情绪和性格特征还不稳定，常常出现自负、自信、自卑等多种情绪混合在一起的情况。这个时候，父母就需要分清男孩的真实情绪，并且及时给予正确的引导与教育。

如果男孩自信，就积极鼓励，让孩子从内心真正相信自己。如果男孩有些自负，不能正确地、客观地评价自己，父母就应该积极扭转他们的想法，而不是由着孩子的性子来。否则，男孩就可能陷于迷之自信中，在之后的人生道路上处处碰壁。

❷ 引导男孩不断提升自己，认识到自己的不足和无知

邓宁-克鲁格效应说明，越是能力低的人，越容易过于自信，越是无知的人，越容易迷之自信。而且这些迷之自信的人往往坚信自己是正确的，固执地认为自己无所不能，固执地坚持自己的错误观点和行为。

所以，想要让男孩真正自信，而不是陷入迷之自信，父母应该引导男孩多学习、多接触各方面的知识，不断地提升自己的能力，避免陷入无知而不自知的境地。

❸ 让男孩感知自我，真正做到自我接纳

自信与自卑，归根结底还是自身的事情，与任何人都没有关系，与任何事情也没有关系。一个人若是足够自信，就算多次失败，就算不被人认可，内心也有一种强大的力量，追求自己想要追求的东西。可一个人若是自卑，就算成功了，就算被人赞扬，也很难相信和接纳自己。

所以，父母要帮助男孩建立良好的自我连接，让他们能感知到真实的自我，然后真正做到自我接纳。当男孩不再外求，不再在意别人和外界环境时，自然就可以实现真正自信，并且成为更好的自己。

家长过度干预？小心自信变"他信"

很多家长常过度管制，甚至是控制男孩，他们既希望男孩独立，又希望男孩听话，既希望他们坚强，又对他们过于溺爱。于是，在父母不知不觉地干预下，男孩习惯被动性地接受指导，看似优秀、有能力，实际上自我意识从未建立起来，看起来很自信，但这种自信是建立在父母给予的基础上的，是"他信"。

一个真正自信的男孩，心智是健全的，自我意识得到成熟发展。他相信自己，从内到外都带有一种正能量，能够给予自己源源不断的动力与激励。即便遭受一些打击，这样的男孩也能挺过去，然后恢复原有的状态，继续乐观自信。但是一个"他信"的男孩，心智是不健全的，自我意识发展受到阻碍，他相信自己，但是这份相信来自外界，或者说来自父母。一旦离开熟悉的环境，或是离开父母，这种自信就会坍塌。

父母不妨观察一下自己的孩子，是不是有类似的行为：在熟悉的环境中，特别自信大方，性格开朗积极，做事勇敢果断，在不熟悉的环境中，就有些放不开，变得害羞、怯懦，不敢轻易行动；自娱自乐时，表现非常好，欢快开心，可一旦有人加入，或是被别人关注，便立即停下来，显得有些缩手缩脚。如果有，就要注意了。

如果男孩小时候表现出天不怕地不怕的状态，探索心和好奇心非常强，想尝试所有事情，但是习惯于高估自己，做事常常犯错，状况百出，那么就说明他们不是真的自信，而是"他信"。

别让男孩从自信变为"他信"！

我们需要懂得一个道理：越是小孩子，越需要父母给予的积极反馈。这里的积极反馈不是肯定和鼓励，而是客观真实的反馈。孩子对于他人的信任，就是建立在这种积极反馈的基础之上的。

不妨假设一下：男孩在家里开心地玩耍，做出一些夸张的举动，或是有一些看似危险的动作，父母立即前去制止，这个不允许那个不允许，还批评或训斥道"你不要这样顽皮，否则楼下邻居就有意见了"，那么这种干预就会让孩子产生一种害怕和恐惧心理。男孩在外面解放天性，肆意地攀爬、奔跑，甚至张牙舞爪，父母简单粗暴地制止，说："你这成什么样子了？不怕被别人笑话！"男孩想尝试一件事情，恨不得立刻就去做，父母却在一旁泼冷水："你能行吗？做不好，可会被别人笑话呀！"如果这种事情发生多了，男孩就会对外界环境或他人产生害怕和恐惧心理，无法形成真正的自信。

"文斌，你能不能安静点，不要再来回跑了！这样会打扰到楼下的邻居，让人家讨厌！"

"文斌，你不会拉小提琴呀，怎么在大庭广众下拉起来了！"

"文斌，你得听话懂事，不能太任性，否则很难得到同学和老师的喜欢！"

……

文斌的父母习惯于干预孩子，总是希望孩子能听话懂事，不做出格的事情。而在父母的管制下，文斌确实变得听话懂事了许多，但他们也发现了一个问题：这孩子不太自信，在家里还好些，能大胆地表达自己的意见，做自己想做的事情。可一到学校或陌生环境，就变得畏畏缩缩了。

文斌很喜欢唱歌，唱得也很好，在家里时常自己哼唱，也会给父母表演。但是，在外面的时候却很少开口。一年元旦前夕，文斌就读的学校组织元旦晚会，希望所有孩子都踊跃报名参加，尽情地展现自己的才能。

文斌妈妈知道自己的孩子不太敢在公众场合表现自己，于是希望通过这样的机会让孩子增强自信心和表现欲。可是，不管妈妈怎么做工作，怎么引导与鼓励，文斌都不愿上台表演。妈妈询问其原因，他只是说担心自己表现得不好，被别人取笑。文斌之所以变成这样，就是因为父母干预过多。

可见，父母干预过多，或是一味地要求孩子懂事，容易让他们从自信变为"他信"。男孩一旦陷入"他信"，就很难真正做到勇敢和自信，就算日后能取得一些成绩，在内心深处也是缺乏自信的；也许长大后在自己最为擅长的领域内能表现出自信，但是一到自己不熟悉的领域就会立即不再相信自己。换句话说，他们很容易被自己禁锢，不敢做出改变，不敢创新和突破。一旦情况发生改变，内心就会变得焦躁不安。

给父母的建议

家长应如何帮助和引导男孩，让他们从"他信"变为自信呢？

❶ 不过于干涉男孩，不一味要求男孩听话懂事

"听话""懂事"是很多家长教育孩子时最常使用的词语，因为他们认为听话的孩子就是"好孩子"。在这种认知下，他们会要求孩子在家里无条件地听从自己的安排，在学校里无条件地听从老师的安排。正因为如此，孩子变得越来越听话、越来越乖巧，但是也变得越来越没主见、没自信，容易被父母和其他人影响，无法真正实现心智的成熟、自我意识的发展。

所以，在教育男孩时，千万不要只要求他们听话，更不要过度干预他们说话与做事。我们可以引导孩子，但不要简单粗暴地禁止他们，比如孩子在家里乱跳，可以这样说："宝贝儿！跳这么高！你在做什么？你是不是很高兴？不过，我们也要顾及别人哦！楼下的邻居喜欢安静，你弄出这么大动静，会打扰到他们的。"再比如男孩想做一件事情，父母要给予支持和鼓励，而不是给他们泼冷水，让他们忌惮别人的眼光。可以这样说："宝贝，你可以做自己想做的事情，只要不影响到别人，不损害别人的利益……"

这样的提醒与引导会让男孩学会正确预测和识别，认识到自己的行为不妥之处，并且为他人着想，进而收敛和规范自己的行为。

❷ 不采用溺爱教育，也不采用专制教育

溺爱教育，让男孩习惯依赖，无法独立、自强。专制教育，凡事家长说了算，不顾及男孩的意愿，让他们无权决定自己的事，同样也会让他们失去自信。这是因为孩子还处于成长阶段，他们有思想、有个性，如果不能自己做主，没有自己的时间和空间，一直处在被限制和控制中，很可能导致内心产生无奈、沮丧的情绪。这种情绪充斥内心，持续积累，很容易造成心理上的障碍。

❸ 提升男孩的自我效能感

所谓自我效能感，就是人们对自身是否能利用一种技能完成一件事情的自信程度。自我效能感提升了，孩子自然就充满自信，不再依赖他人而建立自信。所以，我们需要不断鼓励和支持孩子，还需要引导他们提升自己的能力，让他们真正认识到自己的能力。

Chapter 05

容易被忽视的男性力量
——情绪稳定

　　男孩的成长是漫长而曲折的过程，其间伴随着不同年龄段所面临的生理和心理的压力。当压力比较大时，男孩的情绪就会出现波动，受到一些不良情绪的侵扰。如果他们能够控制自己的情绪，成为情绪的主人，便会拥有强大的力量。反之，如果他们最终被情绪所支配，那么不受控制的情绪就会极大地分散他们的精力，浪费他们的能量，甚至可能导致身体和心理受损。

情绪健康和身体健康一样重要

对于男孩来说，15岁之前是情商塑造的重要时期，85%~90%的性格、心理都是在这个阶段形成的。一个情绪健康的男孩，生活中的表现有哪些？家长不妨仔细地观察一下。

有一些不良的情绪，但是事出有因，比如因为失败而沮丧；

不莫名地悲伤、愤怒、恐惧、喜悦；

情绪反应与情绪产生的原因一致，遇到喜事就高兴、愉快，遇到危险就紧张、恐惧；

情绪稳定，受到外界刺激后，情绪不会过度反应，刚开始可能情绪反应强烈，但是能自我调节、自我控制，让情绪趋于稳定，不会因为一点小事就大喜大悲，或是大怒；

保持积极乐观、心情愉快，做什么事情都有信心、精力充沛；

……

如果男孩有以上表现，那说明他们情绪健康，否则，家长就要多加注意了。不是所有孩子都无忧无虑，不是所有孩子都知道如何释放情绪、保持情绪的健康。当孩子的行为、情绪有"奇怪""别扭"的表现时，他们的情绪、心理已然产生了问题。

男孩情绪不健康，当然也会释放一些明显的信号，比如：

情绪波动大，突然变得暴躁、消极；

行为反常，之前很开朗，突然变得沉闷、笑容很少，或是学习成绩退步，厌学，对家长有抗拒的行为；

情绪脆弱，过于敏感，一被批评就掉泪，遇到一些微不足道的小事就担心害怕；

缺乏自信，害怕与陌生人接触，不爱交朋友；

持续紧张不安，对小伙伴、老师保持警惕的姿态，习惯于一个人待着；

攻击性强，遇到不快、不舒服就过度发泄情绪，比如哭喊、骂人、说脏话；

容易发脾气，生气时喜欢摔东西、打人；

……

请多关注孩子的情绪健康

　　情绪健康与情绪不健康的表现是截然相反的。在男孩的成长过程中，父母要多关注他们的情绪健康，就像关注他们的身体健康一样，保证他们情绪健康、心情愉快。事实上，情绪健康的男孩，情商大多很高，而高情商的男孩，大多能得到别人的喜爱，成长为内心有力量的男子汉，进而在学习、生活和人际交往中更游刃有余。相反，情绪不健康，或是不能认识自我、不能调节自我情绪的男孩，情商也高不了，很可能导致学习、生活，甚至是未来的人生都处于糟糕的状态。

　　徐飞已经上五年级了，学习成绩不错，长得高高大大的，身高已经快赶上妈妈了，可就是情绪非常脆弱。不管在学校还是在家里，只能听好话，不能听一句批评，做事只能成功，不能接受一点困难和失败。

比如，徐飞平时表现不错，成绩一直处于班级前五名，自然受到的表扬比较多。每次受到老师表扬，他就笑得合不拢嘴，心情飞扬，回家就绘声绘色地与爸爸妈妈讲。可没有一个孩子能永远被表扬而不被批评，只要被批评，徐飞就会消沉好几天，茶不思饭不想，学习积极性也大大下降。

再比如，与同学们相处，难免有意见不合的时候，也难免有被质疑、被否定的时候。每当这个时候，徐飞就会有很大的情绪波动，甚至会钻牛角尖。虽然他很少向同学们发脾气，可总是保持着低气压，闷闷不乐，或是搞孤僻、不理人，这让很多同学都对他敬而远之。因为谁也受不了他的敏感。

其实，徐飞的情绪脆弱是从小形成的。因为父母非常宠爱他，可以说是有求必应、从不拒绝，所以让他变得任性而又敏感——被表扬、顺着、宠着，就扬扬得意，开心自满；被批评、管教，不被顺着，就情绪失控，任意哭闹。久而久之，他这种过于情绪化的性格就发展为"蛋壳型情绪"。

实际上，现在的男孩女孩有很多形成了"蛋壳型情绪"。形成这种情绪的孩子内心敏感脆弱，情绪就像是蛋壳一样，很容易因为外界的影响而崩溃。不管在家里还是在学校，这样的孩子打不得骂不得，一夸就笑，一批评就哭哭啼啼，甚至可能做出过激的反应。一些十一二岁的男孩，很容易产生抵触情绪，父母或老师对他们要求严格一些，便容易激动，心怀不满、爱顶嘴、容易愤怒。放学回家，不做作业，只知道看电视、玩手机，父母怎么叫都不动，一催促，就发脾气，怒气冲冲。还有一些处于青春期的男孩，因为考试成绩不理想、和父母吵架、被老师严厉批评……轻易就情绪崩溃，随随便便就离家出走，甚至用极端的方式结束自己的生命。

可见，与身体健康、学习成绩好相比，男孩的情绪健康更为重要。在教养男孩的过程中，父母不仅要关心孩子的身体、智力与成绩的发展，更要关注他们性格、情商的培养，让他们有健康而又稳定的情绪。

给父母的建议

❶ 培养男孩情绪认知、表达和控制能力

　　家长要培养男孩认知、表达和控制情绪的能力，及时而充分地理解与疏通孩子的不良情绪。孩子只有学会认知自己的情绪，正确地表达自己的情绪，才能不让负面情绪蔓延，不形成"蛋壳型情绪"。当孩子的情绪健康、稳定之后，自己就可以及时调整心态，走出心理上的困境，进而形成一个强大的内心。

❷ 接纳和理解男孩的情绪，引导孩子合理释放情绪

　　很多时候，父母总是压抑孩子的情绪，比如孩子因为一些事情哭闹，父母不仅不理解、不宽慰，不引导孩子释放情绪，反而命令或威胁孩子不要哭、不能哭。这样的处理只会让孩子越来越压抑，更容易导致情绪失控，或是造成性格和心理上的缺陷。

　　每个人都有积极和不良的情绪，情绪没有错，情绪背后总有原因。情绪健康的男孩，不是只有积极情绪，没有一点点消极情绪，而是能接纳和控制自己的情绪。家长要接纳和理解孩子的情绪，让孩子明白：即便因为一些事情产生生气、伤心、急躁等负面情绪也是正常的，关键是正确地释放和发泄，然后努力让自己调节和控制情绪，恢复内心的平静与稳定。

❸ 想要男孩情绪健康，父母必须情绪健康

　　事实上，很多父母不能做情绪的主人，在教育男孩的过程中容

易情绪化，或是把坏情绪发泄到孩子身上。比如，当孩子顽皮、淘气时，父母顿时火冒三丈，对着孩子一顿打骂；或是因为工作或生活不顺心，莫名其妙地对孩子发脾气，让孩子感到无所适从。在这样的环境中成长，男孩自然而然也就容易情绪化，更没有安全感和幸福感。

可以说，在家庭教育中，父母情绪健康、稳定，始终是最重要的，甚至比父母有爱更加重要。父母情绪稳定，无论内在还是外在，都能产生重要的影响力，能让孩子从小就情绪健康，长大后有一个积极而又强大的内心。同时，这样的男孩对于世界有起码的安全感和信任感，比其他孩子更有礼貌和教养，内心抗挫折能力、承受能力也更强大。

不良情绪的危害

男孩为什么会产生不良情绪？这与孩子心理发展的规律有关。心理学家发现，孩子的心理发展规律是这样的：出生后第六个月，就会有选择性地微笑；8个月时会害怕陌生人，与母亲短暂分离便会焦躁不安，表现出初步的情绪反应；1岁时已经与母亲建立起紧密而又牢固的联系，与亲人也能进行良好的情感交流。他们希望获得父母的喜欢，好奇心增强，模仿力迅速增长，已经有了喜怒哀乐的情感，并且情绪开始出现波动。

在这个阶段，男孩的心理特征、情绪情感初步成形，父母如果给予正确及时的引导，就可以让孩子形成良好的心理素质。但若是父母不能给予引导，或是教育不当，就可能产生各种心理问题，滋生各种不良情绪。

不良情绪得不到适时、适当的疏通，在内心积压过多，就会产生一系列不良后果。从生理上来说，会导致孩子身体不适、食欲不振、经常做噩梦，严重影响孩子的身体健康，进而对孩子的成长造成严重的不良影响。

专家告诉你

有人曾经用猴子做过这样一个实验：将两只猴子的身体固定在相邻的铁架上，只允许它们的上肢自由活动，下肢连上仪器，能通电给予电击。两只猴子面前各有一个弹簧开关，第一只猴子面前的开关可以切断电流，解除两只猴子被电的痛苦，而第二只猴子面前的开关却不能如此。实验开始前，实验人员先教会两只猴子操纵开关。每次实验时间为6小时，每隔20秒电击一次，以亮灯为信号，然后休息6小时。因为第一只猴子要时刻警觉，每隔20秒就操纵一次开关，所以，它比第二只猴子更加紧张，精神高度集中。第二只猴子刚开始也操作开关，但很快它就发现开关并不管用，便放松下来，不再紧张警惕。结果，实验进行到第23天，第一只猴子死了，而第二只猴子却安然无恙。

无独有偶，还有一个类似的实验：实验者把一胎所生的两只小羊，分别放在不同的环境中饲养。一只小羊生活在肥沃的草地上，安全又快乐，另一只小羊虽然也生活在肥沃的草地上，但不远处拴着一只狼。虽然狼不能挣脱绳索，但是会不时向小羊露出獠牙，发出怒吼，这让小羊恐惧不已。结果，第二只小羊在恐惧中吃不好、睡不好，不久便死掉了。

不良情绪所带来的强大破坏性是非常可怕的。动物如此，人也是如此。长期处于不良的情绪状态，人很可能会患上严重的疾病。一些医学报告就显示，在所有门诊病人中，76%是因为情绪紧张。当然，恐惧、忧虑的危害更为严重。

不良情绪还可能导致孩子的记忆力和注意力严重下降，同时使人长时间处于消极状态中无法自拔，或让人情绪过度恶化，坏心理体验过分强烈。

父母要正确帮助孩子排解消极情绪 ！

《儒林外史》中的范进，屡次科考不中，后来终于考上举人，却因为过度欣喜而发疯，患上了癫狂症。还有那些因为失败、亲人去世而情绪崩溃，进而患上心理疾病的人，不都说明了不良情绪的强大破坏性吗？

无论是持久性的消极情绪还是过度性的积极情绪都具有严重的危害，那些患有抑郁症、暴躁症的孩子或大人，就是因为长时间沉浸在不良情绪中，让情绪持续恶化，进而患上严重的心理疾病的。

每个人都有消极情绪，男孩年龄小，心智不成熟，不良情绪自然也可能随时产生。而且年龄越小，越容易产生不良情绪。所以，父母平时应该多关注他们的情绪，教会他们认识和感知自己的情绪，然后引导他们正确地释放和调节不良情绪。

第一步，父母应该接纳男孩的不良情绪。在孩子表达情绪时，很多父母习惯于用大人的思维去判断，然后否认孩子的情绪："这有什么害怕的？""这一点都不值得紧张。""哎呀，这不要紧，你可别大惊小怪了！"

当孩子表达情绪时，他们最需要的，不是父母告诉他们，他们的情绪无关紧要，而是接纳他们、理解他们，这样，他们的不良情绪才不会持续发酵和恶化，更不会影响他们身心的发展。当男孩因为第一次去幼儿园而紧张、害怕，拉着父母的手不放时，不要说"幼儿园很好，有很多小伙伴，你应该勇敢些""就是去那里玩，这有什么害怕的"，而是换一个说法，"宝宝第一天上学，我知道你对幼儿园感到陌生和害怕，有一些紧张对吧"。接纳了孩子的不良情绪，接下来才能给予他们疏导和引导。

做到了第一步后，很多家长会有这样的顾虑：要是一直接纳孩子的不良情绪，会不会让孩子肆意地表达各种情绪，变得越来越情绪化？其实，接纳不等于纵容。除了要接纳孩子的情绪，父母还应该让他们明白：行为是有界限的，情绪是需要控制的。换句话说，我们要让孩子认识和正视自己的情绪，告诉他们哪些行为是不可取的。

比如，男孩因为害怕上幼儿园而哭泣，甚至抱着妈妈的大腿大哭大闹，拒绝让幼儿园老师抱进教室，这个时候，父母就需要耐心而又认真地说："我知道你有些紧张，小朋友第一次上幼儿园都有些紧张，爸爸妈妈小时候也是如此。但是，哭闹是不对的，你可以先尝试一下，看幼儿园有没有好玩的玩具，可以交到哪些好朋友……"接纳情绪加上限制行为，男孩慢慢地就会学着摆脱不良情绪，然后按照指令来控制自己的行为了。

接下来，父母还需要给予男孩激励，帮助和引导他们走出紧张、害怕的状态，克服不良情绪的侵扰。很多时候，男孩都是勇敢的、自信的，尤其是上了小学之后，更容易因为父母的激励而产生一种力量，战胜恐惧、犹豫等不良情绪。

最后，父母还需要引导孩子学会调节和控制自己的情绪，成为真正高情商、内心强大的小男子汉。事实上，一个高情商、强大的孩子，不是没有不良情绪的人，而是善于自我调节和自我控制的人。在成长的过程中，男孩学会了调节和控制自己的情绪，在受到不良情绪侵扰的时候才能正确地感知自我情绪，然后逐渐保持情绪的稳定、内心的冷静；在遇到困境时，才能自我接纳和自我激励，表现出男性的力量。

性格是可以培养的，情绪也是可以控制的。在养育男孩的过程中，父母应该注重情绪的引导，让孩子做到遇事冷静，乐观向上，善于调节和控制自己的不良情绪。做到这一点，男孩才能有健康的身体与强大的内心，成长为大有作为的男子汉，把人生路走得越来越宽阔。

愤怒可以有，但需及时降温

在成长过程中，男孩不可避免会产生愤怒的情绪，年龄大一些时，受到的教育让孩子对自己的愤怒行为感到内疚，知道愤怒是一种不好的行为。但是，就算是大人，努力去忍耐，忍太久，情绪迟早也会爆发出来。男孩的忍耐力和自控力有限，于是愤怒总是随时会爆发出来，发怒时可能还会失去理智。遇到不开心的事情，或是被谁惹到会大喊大叫，甚至骂人、摔东西，可当一切结束后，他们也会感到内疚，向父母保证不再愤怒，但这好像并没有什么用。愤怒好像不可控制。

愤怒的危害与影响显而易见。愤怒就像是压力锅里的蒸汽，如果不能发泄出来，就会不停地积聚，直至爆炸。可肆意发泄愤怒情绪，危害也不小。发泄愤怒时，人的情绪是极端的、激烈的，身体会变得虚弱，导致呼吸急促，神情恍惚，而经常发怒会危害肝、肺和大脑的健康，导致不思饮食、难以入睡。同时，愤怒还可能导致心跳速度加快，引发高血压、冠心病等。处于愤怒中的人，犹如火山爆发，很可能会失去理智，甚至变得不可理喻，根本不会去想做事说话的后果，然后波及家人、朋友以及周围的人。时间一久，男孩就会被厌恶和孤立，让自己陷入困境之中。

愤怒是一种正常的情绪，但是对于男孩来说，愤怒也需要付出很高的代价，对于成长没有益处。所以，男孩可以愤怒，但父母要教会他们学会及时让愤怒降温，而不是让自己被愤怒吞噬。同时，父母还需要给男孩一些启示，让他们能够用一些正确合理的方式把内心的愤怒释放出来。否则，积聚在内心的怒火就会更盛，危害就更大了。

正确引导男孩控制愤怒！

楚楚非常容易愤怒，小伙伴不小心惹到他，他就冲人家大喊大叫，甚至还大声责骂；看动画片的时候，妈妈几次叫他吃饭，见他没有任何反应便干脆关掉电视机，结果他怒气冲冲，大发脾气。每当愤怒或生气时，楚楚就像火山爆发似的异常暴躁，小伙伴们私下都管他叫"火暴的龙"，平时都躲得远远的，生怕一不小心被他的怒气吞噬。

楚楚的坏情绪，父母看在眼里，急在心上。于是，妈妈找到了一本名叫《愤怒的龙》的绘本，里面的男孩和楚楚一样，只因为妈妈一句"不行"，就变得生气、愤怒，肆意地发泄自己的情绪，谁劝也没有用，还时常会破坏东西。等到情绪过后，他又感到自责，觉得自己非常孤单。可男孩的愤怒并非没有原因。他之所以愤怒、发脾气，是因为妈妈没有倾听他的心声，不理解他的想法，更没有合理地引导他控制和消除内心的不快。

很多心理学家认为，青少年的愤怒情绪大多是因为沟通不畅引起的。很多时候，大人感觉和孩子沟通有困难，于是便不再沟通，用命令、指责的方式来与孩子交往。而孩子也感觉沟通无门，便用愤怒来表现。明白了这一点，楚楚妈妈尝试着了解孩子愤怒的根源，透过情绪去了解孩子的内心。同时，她还借鉴了一个好方法，让楚楚能正确地发泄内心的愤怒。

这一天，妈妈给楚楚带回一个沙袋，告诉他每当生气或愤怒时就打打沙袋。第一个星期，楚楚每天都打沙袋好几次；第二个星期，楚楚每天只打一两次；第三、第四个星期，楚楚打沙袋的次数越来越少。后来，楚楚发现一个奇怪的现象：控制愤怒的情绪，实际上比打沙袋更容易些。一个月后，妈妈对楚楚说："孩子，你做得非常好。我希望你知道，男孩可以因为一些事情愤怒，但是不能让愤怒吞噬自己，应该懂得控制自己，努力给愤怒降温。在很多时候，愤怒就像你打沙袋一样，可以给对方带来伤害，但也会把这种伤害反弹给自己。"在妈妈的引导下，楚楚学会了控制情绪，就算是愤怒的时候，也会找合适、合理的方式降温和发泄。在接下来的日子里，楚楚的情绪稳定了很多，与小伙伴的关系也渐渐好转。

专家告诉你

发泄情绪是正常的，是内心情感的一种表达，是缓解内心压力的一种方式。尤其是愤怒、郁闷、悲伤等情绪，若是不能及时发泄出去，很可能影响男孩的身心健康。但是随心所欲发泄愤怒情绪，怒火时常被点燃，真的不太理智、不太成熟。

当然，我们也需要明白：任何一个孩子的愤怒情绪都有来源，除非是患有暴怒症。作为家长，我们应该做的是关注和剖析孩子的情绪，引导孩子学会控制情绪，而不是一味地压制、堵塞，更不是一味地纵容。

给父母的建议

面对孩子的愤怒，应该如何处理？

① 在孩子愤怒或生气时，父母应该控制自己的情绪，保持冷静

确实，孩子发怒，大喊大叫，乱摔东西，父母很容易被激怒。可要知道，父母控制不住情绪，就会与孩子"针尖对麦芒"，导致情况越来越糟糕，对于解决问题和平息孩子的情绪没有任何好处。所以，想要让孩子的情绪降温，大人首先必须保持冷静，适时地控制自己的情绪。

我们不妨让自己深呼吸，或是从1数到20，冷静下来之后再了解孩子愤怒的原因，倾听孩子的感受，耐心引导和疏导他们的负面情绪，效果便会好很多。

❷ 教会男孩如何合理地发泄愤怒，让他们冷静和平静下来

愤怒发作，可能与孩子的性格有关。父母不能用溺爱和迁就的办法来平息孩子的愤怒，而是应该让他们知道自己的行为是错误的，知道愤怒是解决不了问题的。更为重要的是，父母要严肃地教育他们，使他们认识到自己的错误，并且懂得克制和控制自己的愤怒。

当男孩情绪激动时，正是培养他们情商的大好时机。孩子毕竟是孩子，在表达愤怒时，可能使用错误的方式，比如扔东西、骂人，甚至伤害自己，这些都是消极错误的，对于孩子的成长没有益处。父母要教会孩子用积极的方式来发泄，比如采用深呼吸的方式；或是跑步、大喊几声、打沙袋等；或是独处，让孩子一个人待着，花时间冷静下来；或是带孩子出去走一走，让他们说出自己的感受，表达自己的想法。

总之，父母应引领孩子朝着积极的方向走，把内心的愤怒发泄出来。

❸ 制定规矩，给男孩的愤怒行为设限

引导男孩发泄愤怒时，必须对他们的愤怒行为设限，让他们能够遵守一些规矩。没有规矩，不成方圆；没有限制，就成了对孩子的纵容。很多时候，一些父母懂得让孩子发泄愤怒，让他们及时给愤怒降温，可实际操作起来却发展成对孩子的纵容与溺爱，不仅没帮助到孩子，反而让他们越来越情绪化。比如，一个男孩发泄愤怒，开始时大喊大叫、在地上打滚，父母不纠正、不阻止，后来男

孩开始摔东西、对妈妈拳打脚踢，父母还是忍受、纵容，这样一来，孩子就会变本加厉，做出更过激的行为。

为了事情不发展到这一步，父母应该对孩子说："我允许你发泄愤怒，但是必须有底线：不能伤害别人和自己，不能有过激行为，不能损害物品。"如此，孩子才会有所克制，之后才能自我控制，进而自我改变。

拿破仑有一句名言："能控制好自己情绪的人，比能拿下一座城池的将军更伟大。"父母应该恰当地引导和教育男孩，让他们从小学会管理和控制自己的愤怒，形成良好的行为习惯和良好的性情。一般来说，一两岁的男孩就能听懂父母的话，知道自己该做什么不该做什么，他们会根据父母的态度来判断父母限制自己做什么、纵容自己做什么。所以，想要培养一个能控制自己情绪、内心强大的男孩，就早点行动吧！

胸有惊雷而面如平湖者，可拜“上将军”

“顺，不妄喜；逆，不惶馁；安，不奢逸；危，不惊惧；胸有惊雷而面如平湖者，可拜上将军也。”这句话出自《史记》，意在告诉人们遇事要冷静沉着，心态平和，控制好自己的情绪，不能过于喜怒形于色。

很多家长或许会说：“小孩子就是喜欢把喜怒挂在脸上呀！碰到高兴的事情，就万分愉悦，恨不得让所有人知道；碰到不高兴的事情，就满脸怒气，嘴里抱怨个不停，也恨不得让别人知晓。”

没错，小孩子很纯粹，很直接，很难控制自己的情绪，随随便便就会把情绪表达和宣泄出来。他们不懂得控制自己，不懂得复杂的人际关系，想什么就说什么，童言无忌。他们喜欢和某个小伙伴玩，就满脸挂着笑容，一直拉着人家，有说不完的话，舍得分享零食和玩具，等到分别时还会表现出不舍，想让人家多陪自己玩一会儿。可他们不喜欢某个小伙伴，就会不愿意搭理人家，人家玩他们的玩具，他们会气呼呼地抢过来。若是父母拿玩具给人家玩，他们就会大喊大叫，生气、吵闹，甚至是大哭不止。同样，若是遇到让他们害怕的事情，他们也会立即做出反应——嘴巴张大、大叫出声，或是赶紧后退几步；遇到让他们不满的事情，他们会皱着眉、噘着嘴，抱胸或叉腰……

孩子就是孩子，不会隐藏自己的真实感受，会把内心的喜怒哀乐都写在脸上。而大人也不会计较和在乎，反而觉得他们童言无忌，很可爱。然而，随着年龄的增长，不管男孩还是女孩都需要社交，需要融入小伙伴、同学间，之后步入社会，要融入职场、各种集体中，接触陌生人。这时，若是再无法控制情绪，像小时候那样把所有情绪都写在脸上，恐怕就寸步难行了。在学习或生活中，不懂得控制和掩饰自己的情绪，很容易说话不经大脑，张嘴就得罪人；很容易做事不经思考，喜怒哀乐表达失当，得罪人而不自知。所以，父母应该从小就告诉孩子如何控制情绪，不要肆意发泄自己的情绪。

试着引导男孩做情绪的主人！

　　王凯是个中学生，虽然已经14岁了，但丝毫不懂得控制和掩饰自己的情绪，不管遇到什么事情，不管面对什么人，都肆意表达和发泄情绪。王凯的学习成绩很优秀，但是和同学们的关系很不好，几乎没有要好的朋友。一次，语文老师让王凯和李周等几个同学参加学校的辩论赛。在王凯看来，李周的口才虽好，但缺乏逻辑性，很容易被对方找到突破口。因此，王凯立即面露不悦，看李周的眼神透露出鄙夷和质疑，当然，李周看向他时，也把他的表情和眼神尽收眼底。

　　在老师面前，李周没说什么，可老师离开后他便质问王凯："你那个表情是什么意思？看不起我吗？"王凯口无遮拦，直接把自己的想法说了出来，两人发生很大的冲突，闹到了班主任那里。班主任认为两人不合，就算勉强一起合作，也会影响团队的发挥，于是打算换掉其中一人。结果，王凯成为被换掉的那一个，原因很简单——他时常给其他同学脸色看，别人早就对他有意见了。

　　可见，时常把情绪写在脸上，高兴时情不自禁，不高兴时冷若冰霜，愤怒时怒目圆睁，不满时眉头紧皱，很容易让人看透内心，是一种不成熟的表现，也是一种低情商的表现。男孩到了十几岁时，就应该学会控制自己的情绪，提高自己的情商。若是不能学会接纳和控制自己的情绪，学会克制，那么很难得到真正的成长。

　　男孩的成长，不只是年龄、智力的成长，也应该是情商的成长。而体现一个人情商的决定性因素，就是控制情绪的能力。通过控制情绪，不肆意妄为。事实上，人与人之间的智商并没有太大的差别，有的人之所以能成功，有的人之所以会失败，这与控制情绪的能力有着密切的关系。

　　很多人看过《三国演义》，里面有两个与情绪控制有关的精彩绝伦的故事。

一个是：在董卓弄权时期，各路英雄满腔愤慨，一心想要除掉董卓。司徒王允召集了一些汉臣商议对策，曹操主动请缨，表示愿意冒险前去刺杀董卓，"断董卓头，悬之都门，以谢天下"。不久，曹操找借口面见董卓，想乘他不注意时刺杀他，可曹操刚拔出刀便被董卓发现了。董卓急忙转身，问他要做什么。曹操内心惊恐万分，但仍极力让自己冷静下来，他持刀下跪说："操有宝刀一口，献上恩相。"董卓见曹操脸上没有一丝慌乱的神色，便暂时相信了他的话，放过了曹操，让他得以逃跑。

另一个是：曹操势力壮大后，刘备投靠了他。袁术死后，曹操宴请刘备，想要试探刘备的野心，于是上演了一出"煮酒论英雄"的戏码。其间，曹操问刘备"天下谁可称之为英雄"，刘备说出袁绍、袁术、曹操等人，但曹操却从容地说："现在天下的英雄，只有你和我。像袁绍那样的人，根本算不上。"刘备听了这话，吓得筷子都掉到了地上。

恰好此时雷声大作，大雨倾盆而下。刘备趁机低头捡起筷子，自嘲说因为被雷声吓到才会把筷子掉在地上。曹操笑着说："大丈夫也怕打雷吗？"刘备此时已经谈笑自如，脸上没有一丝惊慌之色，说："圣人听到刮风打雷也会变脸色，更何况是我呢？！"刘备凭着这番话打消了曹操的怀疑，也顺利化险为夷。

试想，曹操和刘备若是不能控制情绪，而是把惊慌和恐惧写在脸上，那结果会怎样？恐怕早就丢掉性命了吧。正如我们之前所说："胸有惊雷而面如平湖者，可拜上将军也。"想要让男孩内心强大，家长就应该引导他们控制自己的情绪，学会做到冷静自如，做情绪的主人。

给父母的建议

①　告诉孩子，不要把情绪写在脸上，更不要肆意发泄情绪

在学习和生活中，没人愿意看别人的脸色，也没人愿意承受别人的坏情绪。坏情绪可以让人头脑发昏，做出错误的事情，也可以让人口无遮拦，给人留下不好的印象，得罪人不自知。每个人都喜欢和情商高的人交往。男孩若是心有不满，就露出拒人于千里之外的神情，甚至是厌恶、鄙夷的眼神，别人又如何喜欢他们、接纳他们？每个人都可能遇到特殊情况，男孩若是把兴奋、恐惧、愤怒、慌张等情绪都写在脸上，让人很容易就窥见其内心，那么岂不是成为透明人？又如何与人相处，如何度过困境、化解危机？

父母要告诉男孩：可以有愤怒、悲伤和快乐，因为这是你们最基本的情绪和情感，但是该显露时显露，该隐藏时隐藏，做到"胸有惊雷而面如平湖者"，便可以越来越强大。

②　父母要从小锻炼男孩的承受能力

很多男孩之所以喜怒形于色，不善于控制和隐藏自己的情绪，是因为承受能力弱，内心不成熟、不强大。父母要从小锻炼孩子的承受能力，让孩子能学会克制和忍耐，不轻易被情绪左右。

③　教会男孩体验情绪，洞察他人的情绪

在成长过程中，男孩除了要学会控制自己的情绪，还需要体验和洞察他人的情绪，知晓他人的内心感受，他人的想法、主

张，从他人的情绪中，领悟到自己的情绪给对方带来的快乐与痛苦。只有如此，他们才能学会控制自己，避免用伤害他人的方式表达情绪。同时，洞察他人的情绪，把握他人的心理，还可以让男孩随机应变、应对自如，不至于做错事、说错话，让自己和别人都陷入困境。

可怕的情绪伪装

情绪伪装，这很普遍，人人都擅长，小孩子也不例外。

通常情况下，人们会用一种假装的状态或情绪来掩盖或替代自己要保护、要隐藏的真实状态与情绪。比如，明明因为失恋很伤心、沮丧，但面对领导、客户却不得不表现出高兴、兴奋的状态。其实，孩子在2岁左右就会出现情绪伪装，会夸大自己的负面情绪，比如当需求得不到满足时，会表现出很强烈的悲伤和愤怒情绪。不过这种情绪伪装是反射性的，孩子还没有意识到情绪的作用。到了4岁左右，孩子就开始有意识地夸大或隐藏自己的情绪了，用大哭大闹来"骗取"父母的同情，实现自己的目的。

孩子的情绪伪装能力是逐步发展的，会随着他们对于大人情绪的认识和理解而不断发展，进而表现出不一样的情绪状态。6岁之前，孩子的情绪伪装比较简单，家长很容易就能识别，但随着年龄的增长，孩子的心智越发成熟，观察力和隐藏力进一步提升，识别孩子真正的情绪就变得困难了起来。

现在很多父母在教育孩子的过程中，主观意识强，以自我为中心，并且只关心孩子是否吃好穿暖、是否学习好，却很少做到真正了解和倾听孩子，不用心走进孩子的世界，自然也就难以识别孩子伪装或隐藏的情绪了。很多时候，孩子明明不喜欢某个东西，但因为父母强势，不得不表现出喜欢的样子；孩子明明不开心，但怕父母担心，就勉强微笑、说笑；孩子明明压力很大，内心抑郁或焦躁，但因为无人倾听，只能独自一人哭泣、发泄。

前面我们说过，男孩应该学会控制和隐藏情绪，不要随意把喜怒哀乐挂在脸上，这是从孩子的情绪管理和情商培养方面来说的，并不意味着让孩子不展露真情绪，或是出于种种原因表现出假情绪。真实情绪得不到表达，内心情感得不到满足，久而久之，孩子就会被虚假情绪愚弄，无法真正认识自己。更重要的是，这会严重威胁男孩的心理健康，阻碍他们快乐地成长。

乖巧的男孩更有可能患上"阳光抑郁症"！

人物小档案

姓名：晨晨

身份：初中一年级学生

困扰：虽然看上去懂事，但因为隐忍过多有些抑郁

结果：患上了抑郁症

晨晨是个13岁的男孩，性格有些内向，但懂事乖巧，从来没有让爸爸妈妈操过心。每当看到其他男孩淘气闯祸，不好好学习，晨晨妈妈便暗自得意，逢人就夸自家孩子："我家孩子就是懂事，可不像其他男孩那样让人操心。"

但事实上，这个外表懂事乖巧的男孩，内心却不快乐，甚至有些抑郁。他从上学开始就学会了掩饰，不把自己真实的情绪外露。比如，一次，妈妈答应带他去游乐园，但是因为突然接到紧急任务，只能到公司加班，无法履行诺言。妈妈感到很愧疚，带着歉意说："宝贝，今天不能去游乐园了，因为我必须去公司加班。"晨晨的笑容收敛了，脸上透着失望和委屈，但随即把真实情绪隐藏起来，笑着对妈妈说："没关系，妈妈的工作要紧嘛。"看到孩子这样懂事，妈妈高兴地把他搂在怀里，嘴上还夸奖他，说以后会补偿他，浑然没发现孩子的真实情绪。

还有一次，晨晨与爸爸回老家，亲戚家有一个孩子，从小非常顽劣，故意往晨晨身上泼水。一开始，晨晨也不在意，只是冷静地告诉他："你这样是不对的。"然而这孩子变本加厉，又拿着一大杯水往晨晨身上泼，晨晨内心很愤怒，恨不得把他抓住打一顿。但很快他就把脸上的怒气用笑容替代了，面对亲戚对于那个孩子的责骂，晨晨说："没关系，他年纪还小，不懂事！"

有不良情绪，主动寻找渠道去发泄，身心才能健康。而晨晨却总是掩饰自己的真实情绪，伤心了不哭，愤怒了不发泄，假装用积极的情绪来掩饰真实情绪。正是因为这样，他内心越来越苦闷，患上了抑郁症。在家人、同学面前不能发泄情绪，就只能在一个人时用自残的方式发泄。情绪积蓄到一定程度，他会扯自己的头发，掐自己的手臂，还用铅笔、小刀划伤自己的手臂。

而这一切，是妈妈在偶然的机会下发现的。原本妈妈早就发现了他身上的一些伤痕，可晨晨却谎称是运动时不小心弄的，妈妈也没在意。一次，妈妈没敲门就进入晨晨的房间，却发现他在用小刀划自己的手臂。妈妈惊讶极了，问他为什么这样做，晨晨只是低头不语。无奈，妈妈只好带他去看心理医生。心理医生说晨晨内心并不快乐，患有轻微的抑郁症，发泄情绪的方式就是伤害自己，直到此时，晨晨妈妈才明白原来之前孩子的积极情绪都是伪装的。

人都善于伪装，但是对于年龄小、处于青春期的男孩来说，情绪伪装，在种种压力下不能展示真实情绪，具有很大危害。这在心理学上是一种病症——叫"阳光抑郁症"，就是指一些人把自己的真实情绪，比如悲伤、愤怒、怨恨等隐藏起来，只表现出快乐阳光的那一面。这样的人，给人的感觉永远是清风拂面，欢乐、幸福的，可因为长期得不到宣泄的负面情绪积压在心，早已处于崩溃的边缘。

随着男孩年龄的增长，家长不能单纯地从孩子的表情去判断他们的情绪，而应在孩子身上多投注一些关心，读懂他们真实的情绪，真正懂得他们的快乐、烦恼、愤怒与忧愁。

给父母的建议

那么，应该如何识别男孩的情绪伪装，真正读懂他们的真实情绪呢？

1 观察与倾听，提高陪伴孩子的质量

虽然男孩的情绪伪装能力会随着年龄的增长而提升，但孩子毕竟是孩子，他们心智不成熟，自控能力不强，很难做到完美的伪装，我们从孩子的一言一行、表情微妙变化、行为习惯上能识别出他们表现出的情绪是真是假。尤其是从眼神中，我们就可以看出孩子的情绪是积极的还是消极的。因为眼睛是心灵的窗口，眼神可以流露出很多信息，这些信息都是内心感情和想法的直接体现。只要家长能用心与孩子交流，仔细观察和分析孩子的言谈举止、行为习惯，就可以读懂他们的真实情绪。

同时，男孩内心不快乐，或许在人前会伪装和隐藏，但独自一人时，就会展露出来。所以，我们不仅要看孩子在人前表现出的情绪，更要看他们在人后表现出的情绪变化。

发现男孩情绪不对劲后，父母应耐心地倾听，鼓励他们把真实感受说出来，把真实情绪表达出来。千万不要逃避，拒绝倾听，事实上，很多父母会忽视孩子的情绪，尤其是工作繁忙、情绪低落时，更抗拒去倾听。而这只会让孩子更抗拒表达，选择用伪装或隐藏来与父母对抗。

2 找到情绪伪装的源头

情绪的产生，必然有一定的原因。情绪伪装，也不会平白无故

地出现。很多时候，大人的情绪伪装是迫于社会的压力，孩子的情绪伪装也可能是源于各种压力，而其中一种压力来源于父母。

通常情况下，父母过于严厉，控制欲强，男孩就会想办法伪装情绪，以博得父母的开心；父母过于溺爱，对男孩百依百顺，男孩也会夸大或伪装情绪，耍一些"小伎俩"欺骗父母。如果源头在自己身上，父母就需要多自省、自查，改变教育孩子的方式方法。而如果源头是其他方面，父母就需要多与孩子沟通，引导他们正确认识和管理自己的情绪，学会表达真实情绪。

"男孩不能哭"，是对他们最大的伤害

很多家长习惯教育男孩"你是男孩子，你不该哭"，"多大点事儿啊，你应该勇敢一些，别太矫情了"，"小男孩汉，哭哭啼啼的，不害臊吗"。因为在这些人看来，男孩就应该坚强、勇敢，就算受点伤、受点委屈，也不能哭鼻子、不能太敏感，否则就不是男子汉。

男孩，是否就不能哭，是否就必须做到坚强呢？

当然不是。父母抱有这样的思想，如此教育男孩，其实是对于男孩最大的伤害。

哭泣、流泪，是孩子最好的情绪释放方式。受了委屈或是感到恐惧，大声哭一场，不良情绪得到释放，内心委屈得到疏解，心理伤害自然不会那么严重。可是，被大人命令"不能哭"，或是嘲笑"男孩子还哭，真丢人"，孩子就只能把委屈压抑在心里，不良情绪得不到发泄，久而久之，就会无法真正实现自我认知，形成对自我的一种否定。而这种否定的结果是，孩子不再相信自己内心的感受，开始压抑真实的自己，导致内心越来越匮乏，整个人也越来越茫然。

同时，虽然压抑了情绪，但孩子依旧觉得委屈或恐惧，那些无法得到释放的情绪更加强烈且消极，很可能导致孩子成为"情绪文盲"，没有能力表达和控制自己的情绪，也不能理解和接受他人的情绪。长大后，孩子也会不断地压抑自己的情感，不敢表现自己的脆弱和痛苦，无法与人建立良好的沟通，更难以获得幸福。

另外，压抑的情绪会攻击男孩的身体，对身体造成一定的伤害。很多孩子不能找到合适的渠道发泄情绪，往往会采取伤害自己身体的方式来消化自己的情绪，比如用双手捶打墙壁，甚至是用工具自残等。更为重要的是，不管是现代医学还是我国古老的中医智慧都说，人所患的疾病，很多都源自情绪和情感的郁结，比如愤怒伤害肝脏、抑郁忧伤伤害脾脏等。而且长时间压抑情绪的人，可能因为情绪无处宣泄，感受无法表达而患上抑郁症。

　　因此，不良情绪必须表达出来。父母若是剥夺男孩表达不良情绪的权利，那么负面能量就会一直积压，不断地攻击孩子。等到他们承受不了的时候，很可能会更加强烈地爆发，造成巨大的伤害。

坏情绪无法抒发可能会导致抑郁症 !

吴伟是一个高中生，和很多男孩一样，他喜欢打篮球，喜欢玩一些有趣的游戏。但是很多人包括他父母都不知道，他一直忍受着抑郁症的折磨。一开始他只是情绪不稳定，时好时坏，但后来坏情绪持续的时间越来越长，让他学习提不起兴趣，做事提不起精神，晚上也时常失眠。

吴伟最喜欢的篮球明星科比不幸离世，他情绪有些崩溃，和朋友述说自己的痛苦与伤心，说想大声地哭一场。可朋友只是轻描淡写地说："他也是我的偶像，我也很伤心。可事情总会过去的，我们是男子汉，对吧！"吴伟没说什么，内心却好像压了一块大石头，情绪更加糟糕了。

之后，吴伟的学习成绩直线下降，被老师谈话，被父母批评与责备。他想诉说自己的委屈与纠结，可是想想还是算了，因为父母不会理解，他们总是说"你是男孩，应该坚强"，"作为一个男子汉，不能因为一点小事就磨磨叽叽、哭哭啼啼"。

学习压力越来越大，吴伟的抑郁症也越来越严重。他感觉自己生活在黑暗中，看不到光明，也看不到希望。他内心压抑，想要倾诉，想要发泄，却不知道向谁诉说，又如何发泄。

事实上，吴伟之所以抑郁，就是因为受到家庭教育的影响。从小他就受到一种教育：男孩从小就应该像个男子汉，不应该随便哭泣，不应该让泪水和脆弱伴随自己成长；男孩应该坚强，受了伤、受点委屈都没什么，不能太矫情，不能将其挂在嘴边。小时候，吴伟摔倒，膝盖磕破出血了，妈妈在一旁只是说："站起来，不要哭！"吴伟疼得受不了，眼泪情不自禁地流下来，妈妈立刻急了，把他好好地批评了一顿。吴伟在学校受了委屈，被同学欺负，回家向妈妈哭诉，妈妈反而批评他："你又不是女孩，多大点事儿呀，怎么就委屈成这样！不许哭！"

　　慢慢地，吴伟开始压抑自己的情绪，委屈、伤心、害怕、兴奋、愉悦等情绪都不再积极表达，成了"情绪文盲"。而妈妈则被吴伟的"健康"蒙蔽了双眼，忽视了孩子的情绪，也忽视了教会孩子如何表达和调节情绪。吴伟对自我情绪了解和认知不够，不能明确自身情绪的来源，导致自卑、怯懦，封闭自我，越来越抑郁、孤独，甚至患上了抑郁症。

　　男孩子固然要坚强，但是，不管男孩还是女孩，在童年时都应该情感丰富，积极地表达自己的喜怒哀乐，高兴就大声笑，委屈就大声哭。作为家长，不能认为男孩子就不应该哭，甚至把"男子汉"的帽子压在他们的头上，剥夺他们用哭泣来发泄不良情绪的权利。这样教育男孩，不仅不会让他们如父母所希望的那样坚强，反

127

而会让他们因为过于压抑而成为"情绪文盲"，变得更加脆弱、迷茫，无法健康快乐地成长。

父母需要知道，任何人都需要发泄自己的情绪，男孩也是如此。男孩的心灵也有脆弱的时候，也需要合理地发泄。一个不懂得表达情绪的人，怎么可能让自己变得内心强大？！

给父母的建议

① 父母应该了解男孩情绪的源头，弄明白他们为什么会发泄情绪

当孩子哭泣时，父母应该弄明白情绪的源头，孩子是受委屈、害怕、受了伤，还是撒娇、任性、过于脆弱。如果是前者，父母要帮助孩子消化情绪，引导他们消化和调整情绪，让孩子为不良情绪找到释放的出口。如果是后者，父母也要进一步引导，教会孩子坚强、勇敢，避免形成性格上的缺陷。

但不管怎样，家长都必须正确引导孩子，而不是直接命令或呵斥孩子收起情绪，剥夺他们发泄情绪的机会。

② 给男孩足够的关爱和理解，建立亲子情感关系的连接

亲子之间的连接，离不开情绪的沟通，其中包括快乐、兴奋等积极情绪，也包括悲伤、委屈、愤怒等不良情绪。父母理解和接纳男孩，让他们高兴时大笑，委屈或恐惧时哭泣，不压抑自己的情绪与情感，便可以建立良好的连接，促进孩子更善于表达自己，更愿意与父母建立亲密关系。

❸ 正确引导孩子释放自己的不良情绪，不忽视，也不纵容

　　我们需要理解和接纳男孩的情绪，在他们的儿童时期允许他们哭泣，但是也应该正确地引导孩子，引导他们合理地释放情绪，而不是遇事就哭，甚至用哭来"要挟"父母。不让男孩压抑自己，也不让男孩肆意放纵自己，才能让他们学会控制情绪。

Chapter 06

打破依赖，告别被动，赢得"主动权"

依偎在妈妈怀里的男孩子永远长不大，不懂得主动伸手与命运角力的男人永远不会成功。要从小培养男孩的主观能动性，使他们成为在任何时候都能掌握主动的人。

男孩铁律：一是不能靠，二是不能等

在男孩成长中，有两条铁律：一是不能靠，二是不能等。

靠，指的是靠父母。

没错，在婴幼儿时期，男孩必须依赖和依靠父母才能生存，才能获得安全感和幸福感。因此，父母必须给予他们足够的陪伴与关爱，甚至与他们形影不离、对他们无微不至。但随着男孩年龄的增长、心智的成熟，父母就需要放手，不能让孩子太过于依赖自己。否则，孩子的依恋会越来越严重，只要离开父母就感到惊慌、焦虑甚至恐惧。

一位心理学家曾说过："发展儿童个性极其需要儿童对人们的依恋心。如果没有这种依恋心，儿童就可能成为恐惧和惊慌体验的牺牲品，或者将产生精神萎靡现象，这种现象的痕迹可以保留一生，并影响到儿童的爱好和意志。"但男孩不能永远依靠父母。

等到男孩再大一些，上幼儿园或是小学，我们要教会男孩独立，教会他们自理、自立，学会运用自己的能力来做事、化解困难，而不是依靠父母，等着父母来替自己解决。孩子若是从小就衣来伸手、饭来张口，什么都不会做，并且没有主动去做的意识，那么在成长过程中就会遇到各种障碍。接下来，孩子不管在行为上还是思维上都会依赖父母，不能独立做任何事情，成为生活和学习上的"懒人"，以至于在未来成为"废人"，没有能力立足于社会，不会独立思考，自然更没有办法迎接挑战。

等，指的是消极等待，这也是不可以的。

不要让孩子养成依赖父母的习惯！

一个叫方同的男孩上小学一年级了，到培训班学习绘画，一开始美术老师让孩子画苹果，其他孩子都在认真地画，只有方同坐在那里，一动也不动。美术老师走过去，问道："你为什么不画呢？"他回答："老师，我不会！"虽然美术老师多次引导他跟着自己说的去画，但是收效甚微，整堂课下来，方同也没画上几笔。

孩子都自带水杯，课间休息时，谁口渴了谁去喝水。方同却找到老师说："老师，我没有水杯。"其实不是父母没有给他准备水杯，而是他不知道应主动找自己的水杯。因为平时在家里都是妈妈把水杯送到他手里，他才知道喝水的。

方同生活不能自理，与父母的教育方式有直接的关系。父母对他非常溺爱，所以他从小到大都依赖、依恋父母，几乎不知道如何独立做事。刚上一年级时，方同不知道自己喝水，总是因为缺水而口干舌燥，回家后和妈妈抱怨"老师不给水喝"。当时，妈妈不仅不教他如何照顾自己，如何在学校独立生活和学习，反而去找老师理论。她给老师发了一大段文字，说："老师，我们家同同这几天回家嗓子都是哑的，说老师不让他喝水。现在天气这么热，孩子这么小，身体出现问题怎么办？难道做老师的不能尽职尽责一些吗……老师难道不知道提醒孩子喝水吗？"

老师只能回复："同同妈妈，现在孩子已经上一年级了。学校没有保育员，一年级的孩子还需要老师提醒喝水的话，那说明他没有基本的生活自理能力和独立能力。孩子虽小，但需要学会自理和独立，需要学会在家不依赖父母，在学校不依赖老师，才能得到真正的成长。"

没错，男孩到了一定的年龄就不能靠父母、靠老师、靠别人，若是父母总是不放手、不放心，始终替孩子包办所有事情，那么就会剥夺孩子独立做事的权利，导致孩子独立解决问题的能力逐渐退化。长大后，孩子不会做事，不懂独立，更没有积极主动的意识，只要遇到问题就本能地回避，希望能有人替自己解决，如此，能成什么大事呢？人生又怎能幸福？

不要让孩子养成消极等待的习惯

接下来，要谈的就是等的问题。其实，男孩习惯于等，不积极、不主动，也源于他们已经习惯了靠。习惯于靠父母、靠别人的男孩，因为缺乏独立做事的能力，所以很难产生责任感。这样的孩子会慢慢地变得懒惰，可能会导致思维"锈逗"。或是别人推一下，他们才动一下；或是做什么事情都习惯拖延，从今天拖到明天，从明天拖到后天，直到非做不可才行动；或是习惯于消极等待，看不到身边的机会，也不重视所遇到的机遇……

不少父母认为，孩子最大的敌人是懒惰。但实际上，孩子最大的敌人是拖拉、不主动，一味地靠与等。如果说一两件事靠父母、等着父母来解决，或是等着别人替自己解决是"量变"，那么到最后势必会由"量变"到"质变"，让男孩一生都无法摆脱依赖与被动。真正懂得疼爱孩子的父母，应该关注孩子长大以后能否独自应对外面的世界。如果把一个习惯等着父母代劳、缺乏独立做事能力，甚至是毫无自我生存能力的男孩推入社会，那是非常残忍的。相信没有一个家长愿意看到这样的局面。所以，想让男孩成年的时候能真正成人，就必须从小培养他们的自立与自信，让他们明白两个铁律：一是不能靠，二是不能等。

给父母的建议

① 培养孩子的独立意识，让他们学会独立生存的技能

如果父母替孩子做了所有决定，代劳了所有事情，那么孩子即使外表像个成人，内心却仍是个孩童，将永远无法摆脱对于父母的依赖。所以，等男孩到了一定年龄，父母要注意给他们的成长留白。

所谓留白，原本指作画时不把整张画纸画满，而是故意留下一些空白之处。给男孩的成长留白，就是试着放弃自己的保护与控制，给孩子一些自由成长与独立思考的空间，让他们在体验与探索的过程中学会相应的技能，不再过度依赖父母。

同时，要引导孩子遇到问题时积极动脑筋解决问题，而不是消极地等待。比如，遇到穿什么衣服，上什么兴趣班，与什么样的小伙伴玩耍，让他们自己主动去解决，而不是全靠父母替他们解决。

② 适当为男孩设置一些小障碍

在培养男孩独立处理问题的能力时，需要给孩子制造机会。比如在男孩六七岁时，让他们去买菜、买零食，父母可以在后面跟随；在学校丢了东西时，让他们与老师、同学去沟通，或是教他们学会张贴"寻物启事"。

男孩在成长过程中，需要自我掌控感和成就感。而自我掌控感和成就感的建立，需要父母给他们更多的锻炼自我的机会。孩子在自我独立的意识中增强责任心与成就感，不仅能慢慢地磨炼自己，还可以获得生活的乐趣。

❸　父母要成为男孩成长中的配角，而不能喧宾夺主

　　在男孩的成长过程中，男孩始终是独立的个体，也始终是生活的主角。虽然父母与孩子关系密切，但终究是他们成长过程中的配角，所以，父母需要认清主次关系，做好配角，可以给他们引导、关注、帮助，但是千万不能做一些喧宾夺主、矫枉过正的事，更不要过度包办与代替。

隔离、庇护，会弱化男孩的独立与社交能力

一些父母认为自己的最大责任是为男孩撑伞，呵护他们健康成长。这有一定的道理，因为孩子小，缺乏自理和独立能力，需要在父母的呵护与关心下才能安全、健康地成长，免得遇到危险或误入歧途。

可是，很多时候，父母的呵护与关爱超过了一定的限度。因为爱孩子，所以不愿意对孩子放手，很少给他们独立做事的机会；因为爱孩子，始终担心孩子的安全，所以不愿让孩子离开自己的视野，不愿让孩子脱离自己的保护；因为爱孩子，所以对孩子进行隔离、庇护，不敢让他们独自接触外界环境。

事实上，这是对孩子的一种圈养，看似是保护孩子，却无形中给孩子编造了一个大大的笼子，让他们无法真正地实现独立与自由，只能被动地依赖父母。久而久之，孩子的各方面能力会逐渐退化，不仅阻碍身体的健康发展，还可能形成孤僻、自卑、懦弱的性格缺陷。对于男孩来说，被父母过度保护和控制，很可能使得其社交能力越来越退化，无法融入集体与社会，很难与人建立良好的关系。

专家告诉你

根据心理学家多年的研究发现，很多人之所以无法适应社会，表现出胆小拘谨、恐惧社交的特点，都是因为小时候被父母过度保护和管制了，甚至被父母圈养了。圈养这种因噎废食的教育方式，最终导致男孩缺乏一切自由活动的机会，对于外界环境和周围的人产生恐惧心理。

父母该放手时就要放手！

刘希是个初一的学生，已经进入青春期，可事实上他却比较孤僻怯懦，缺少这个年龄段男孩应该有的阳光开朗，也不能与同学们快乐地相处。从小到大，父母忙于保护他，嘱咐他"不可以离开爸爸妈妈的视线"，帮助他规避一切"危险"的事情，却没有教他独立做自己的事情；父母照顾他的饮食起居，忙着关注他的成绩，却没有教他怎样与同学相处，怎样去融入集体。

以前，父母给他制定了很多规矩，要求他每天放学之后马上回家，不能在学校逗留，不能在外面玩耍；有什么活动必须向父母报备，得到允许后才能行动；交什么朋友也必须征求父母的意见，不许结交"坏孩子"。父母担心刘希有危险，阻止他参加集体性活动，包括学校的春游、露营等，也包括与小伙伴们的外出活动。

可现在进入了中学，学校采取寄宿制度，孩子们彻底脱离了父母的照顾与保护。其他孩子很快就适应了，刘希却很难适应。他生活自理能力非常差，不能打理好自己的饮食起居，衣服洗不好，内务整理不好；不会管理自己的时间，有时还睡过头，上课迟到；不会与同学相处，以自我为中心，总是一个人独来独往……

亲爱的家长，难道你真的愿意看到自己的孩子变成这样吗？男孩，应该有强大的独立能力和社交能力，能自己解决问题，能适应各种环境，能协调好与他人、集体的关系，能勇敢地承担起社会责任。

爱孩子，就不要对他们进行隔离与庇护，不要采用圈养的方式。真正爱孩子，就应该给孩子足够的成长空间，让他们自己去思考、摸索和尝试，让他们发展各种能力、适应各种环境。

给父母的建议

那么具体来说，父母应该怎样去做呢？

1 不把男孩当作易碎品，不对男孩进行过度保护

长期被过度保护的男孩，会过度依赖父母，失去独立成长的机会与能力。而依赖心理一旦形成，孩子就会把一切当作理所当然，不再想独立、自立、自理，同时还会产生自私的心理，习惯于父母的过分保护，凡事以自我为中心，根本体会不到父母的爱与艰辛。

我们需要明白：孩子就像是小树苗一样，需要父母精心地呵护，但是在爱孩子的过程中，千万不能过于心疼、过于保护。剥夺了孩子独立的机会，扼杀了孩子的生活能力，同时让孩子的心理产生一系列的问题，又如何让他们更好地成长，并且突破自己的人生呢？

2 与男孩分离，逐渐从他们的生命中退场

对于男孩来说，父母不愿意放手，不愿意分离，不是一种幸福，而是一种局限，会给他们的成长和未来发展带来巨大的隐患。

所以，当男孩会走路之后，父母就要学会放手，不再牵着他们、搀扶着他们；当男孩有自理能力之后，父母就不应该再包办，要让他们自己处理自己的事情；当男孩进入校园后，父母就应该给予他们自由与空间，让他们自己去探索和适应，让他们自由社交与活动。

人们常说："所有的爱，都是以聚合为目的的，只有父母对孩子

的爱，是以分离为目的的。"所以，爱孩子，我们就要学会与孩子分离，让他们作为独立的个体从我们的生命中分离出去。

❸ 尊重男孩的边界，不越界，不禁锢

　　每个人都有自己的边界，孩子也不例外。尊重男孩的边界，父母与孩子就可以建立健康的亲密关系，促进孩子健康、自信地成长。如果不尊重男孩的边界，企图不断越界，用自己的思想来控制孩子的行为，不断侵犯孩子的隐私，那么不仅会让亲子关系变得紧张，让孩子不再信任父母，还可能导致孩子形成心理障碍，无法成为有能力、会社交的人。

可以"不争"，但绝不能"不敢争"

老子说："夫唯不争，故天下莫能与之争。"在很多人看来，这句话是告诉我们，要懂得不争，这样才能天下第一。可这是对这句话的误解。在老子看来，不争是手段，争才是目的。不争是相对的，是一种坦然看待成败得失的态度。但是，争是一种勇气，是自信与积极的姿态，是一种不因压力而退缩、不因有障碍而停止的姿态。

生活中，每个人都应该看淡成败得失，没必要事事争第一，但是必须有敢于竞争的勇气，有不怕任何困难、勇敢向前的自信。男孩在学习和生活中不仅要做好事情，更要敢争、善争，培养主动的竞争意识。

消除孩子不愿争、不敢争的性格缺陷

人物小档案

姓名： 袁帅

身份： 耶鲁大学学生

困扰： 以前不愿跟别人竞争、不敢跟别人竞争

结果： 通过父亲的培养，养成了敢于竞争的性格

有一个叫袁帅的男孩，被人们称为"耶鲁男孩"，他以650分的成绩通过托福考试，之后又以2200分和2370分的成绩通过SAT考试。17岁时，他成为中央电视台"三星智力快车"的全国亚军，同时还参加了2006年度北京模拟联合国大会，凭借杰出的表现获得了"未来领袖奖"。正是凭借着优异的成绩和不拘一格的个性，袁帅提前被耶鲁大学录取，并获得了全额奖学金。

而袁帅成功的秘诀就在于：勤于动脑，敢于竞争。小时候的袁帅非常顽皮，学习成绩不算好，学习不积极主动，还有着一些性格缺陷。上幼儿园时，他虽然聪明，但个性散漫，做什么都漫不经心、满不在乎。"六一"儿童节，幼儿园组织孩子表演节目，大家都争先恐后地报名，只有他毫不在乎，表演时也是敷衍了事、不认真。父亲批评袁帅说："别的小朋友都认真地表演，你怎么敷衍了事呢？"

谁知他哼了一声说："那是因为他们爱表现自己，我才不稀罕呢！"

从这件事情上，父亲认为儿子性格偏于沉静、软弱，缺乏向上的心气。于是在教育孩子的过程中，他想办法激发孩子的竞争意识，消除他不愿争、不敢争的性格缺陷，培养孩子积极主动、不甘平庸的性格。

一个周末，父亲带着袁帅上街，过马路的时候他趁机问道："你说，是开过去的汽车多，还是开过来的汽车多？"

袁帅随口答道："当然是开过来的汽车多。"

父亲则故意与袁帅"作对"，说："我觉得肯定是开过去的多。不信，我们来数一数，看5分钟内来往汽车的数量有多少。如果你赢了，我就给你买小人书。"

时间到了，袁帅输了，但他非常不服气，要求再比一次。父亲却说："今天只有一次机会，谁让你自己不珍惜。"虽然输了，没有拿到小人书，但是袁帅明白了一个道理：要认真对待所有事情，珍惜每一次机会，不能漫不经心。

小学二年级时，父亲带着袁帅与自己的老同学们一起吃饭。席间，父亲问道："今天爸爸和叔叔们一起吃饭，叔叔们很喜欢喝啤酒，可是付完饭钱后，爸爸就只剩下10元钱了。啤酒1元钱一瓶，我们可以买几瓶啤酒？"

袁帅不假思索地说："10瓶。"

父亲接着问："10瓶都喝完了，叔叔们还想喝两瓶，怎么办？"

袁帅摇着头说："没钱了，就别喝了呗。我没有办法！"

见袁帅不愿动脑，父亲接着说："不动脑筋的人永远都没有办法，我就有办法。你看，柜台上有一行字：回收啤酒瓶，每个2毛。我把酒瓶卖了，不就可以再买2瓶了吗？"

听了父亲的话，袁帅不服气地说："这种简单的算术题，我也会！"

父亲摇着头说："比这更难的，你也会，只是你不愿意主动去思考呀！"就这样，在父亲的教育下，袁帅逐渐养成了勤于动脑、敢于竞争的习惯。

父亲不只看重袁帅的成绩，更注重培养他多方面的才能。在初中时，袁帅参加了中学生英语电视大赛，一举拿下第一名。之后他又连续两届参加中央电视台"希望之星英语风采大赛"，都获得第六名的好成绩。他还参加了中央电视台的"三星智力快车"比赛，获得月冠军。

高中时，在父亲的鼓励和支持下，他还竞选当上学校学生会主席，担任校刊主编。在担任校刊主编的时候，他策划了许多大型活动，锻炼了自己的能力，提升了自己的信心、竞争意识。高三的时候，考虑到如果参加"模拟联合国大会"，将消耗大量的时间和精力，学习成绩势必会受到影响，袁帅有些犹豫。但是，父亲认为这是对孩子能力的全面考验，于是全力支持他参赛。

虽然袁帅以前参加过很多活动，但是对于这项比赛是一头雾水，感觉心中没底。

对于袁帅的迷茫与无助，父亲想尽办法去解决。他始终认为：男孩未来的竞争是残酷的，在高考、择业以及之后的职场、人生中，孩子都必须敢于面对和迎接挑战。善于竞争、敢于竞争，是一种能力，更是一种姿态。如果不敢竞争、不愿竞争，那即使能力再强，恐怕也会一无所获。于是，父亲从网上搜集资料，帮助孩子解决问题，鼓励孩子大胆尝试、积极争取，并且与孩子进行了家庭式的演练。参加比赛前，父亲对袁帅说："孩子，你应该对自己的魅力和能力有信心。不敢去竞争，我岂不是白白养兵千日？"

终于，袁帅在高手如林、才子如云的比赛中脱颖而出，成了"未来领袖奖"最年轻的获奖者。而之后，袁帅凭借出色的表现和不凡的能力，收到美国哈佛大学、斯坦福大学、耶鲁大学、普林斯顿大学等名校抛来的橄榄枝，最终被耶鲁大学录取。

每个男孩的性格虽然不一样，但是骨子里都有一股不服输的劲儿。在教育男孩的过程中，父母要把孩子这股不服输的劲儿充分调动起来，让他们具有竞争的意识与能力，同时有竞争的勇气与信心。让男孩从小就敢于竞争、善于竞争，是为他们将来更好地适应社会竞争打下良好的基础，同时也是提高他们独立自主的生存能力。

给父母的建议

具体来说，父母应该如何去做呢？

1 面对不愿竞争、不敢竞争的男孩，一定要有足够的耐心，采用合适的激励方式

任何好习惯都不是一朝一夕养成的，任何坏习惯也不是一两天就能消除的。面对不愿争、不敢争的孩子，我们一定要循序渐进，进行引导，培养他们的竞争意识，提升他们的勇气、信心与积极性；培养他们自己做主的好习惯，可以告诉他们，对于自己想要的东西，喜欢的活动，一定要去参加。告诉他们，取得什么样的成绩并不重要，只要敢于去做、敢于去竞争，就是好的。至于采用什么样的激励方式，以及用到什么程度，就需要考虑孩子的自尊和心理承受能力，否则就会适得其反。

2 为男孩创立良好的竞争环境

父母可以给男孩讲竞争的含义，根据孩子的表现来适当强化或弱化他们对于竞争的反应。如果男孩的竞争反应比较弱，我们要想办法刺激他们的竞争欲望；如果男孩的竞争反应比较强，我们就需要及时转移他们的注意力，使他们避免产生过度的胜负心。

同时，我们可以给男孩讲一些关于竞争的故事，买一些相关的书，带他们看一些体育比赛或是参加一些竞技性强的比赛，比如足球、篮球等。

3　让男孩合理去争，端正自己的心态

　　男孩要学会去争，要敢于去争，但是必须形成正确的竞争观念，端正自己的竞争心态。在教育孩子的过程中，父母要避免男孩为了竞争，采取一些不太光明磊落的方式，出现一系列问题。比如，说别的同学的坏话，故意去打扰对方；因为竞争，而产生嫉妒心理，生怕别人比自己强，不愿意去和别人分享，不愿与别人合作等。

　　能做到不争，但是敢于去争，合理地去争，这样一来，男孩才能发挥自己最大的潜能，迎接未来更大的挑战与压力。

让男孩懂得自律

年幼时，孩子所做的事情基本受冲动和欲望影响，他们不会控制自己的情绪与欲望，直到三四岁才逐渐具有较弱的自律能力。那么什么是自律呢？

自律，指在没人监督和管制下，自觉遵守一定的规则，主动约束自己的一言一行。比如，孩子早上按时起床，放学后主动完成作业，按照父母的规定只看30分钟电视，按照时间计划去做事。这些都是靠自律才能完成的。

对于男孩来说，自律是非常重要的。自律是一种执行力，也是一种自信与自控。学会了自律，男孩才会变得强大，变得无坚不摧。但相反的是，如果缺乏自律，不管男孩的智商有多高，学习能力有多强，都很容易误入歧途，到那时一切都将变为空中楼阁。缺乏自律，男孩将很难养成时间观念，一看电视、一玩游戏就不愿意放手，硬生生把时间从20分钟拖到半小时、一小时，久而久之，会导致孩子做事拖拉，没有条理，没有执行力，做事效率低下。缺乏自律，男孩很难控制自己的行为，过于自由散漫，不能遵守相关规则，自然也很难坚持做一件事。而这一切都将导致男孩的学习和生活一团糟。

遵守规则、懂得自律，孩子才会更优秀

从鲍宇和唐毅的身上，我们就能知道，自律的孩子与不自律的孩子区别到底有多大。

鲍宇和唐毅是中学同班同学，以前两人学习成绩不相上下，现在，两人的成绩却产生了很大的差距。鲍宇的成绩依旧很好，还有上升的趋势，而唐毅的成绩则一落千丈，几门学科都不及格。

原来鲍宇平时学习靠自律，听课、完成作业、预习复习都能积极主动，平时也会做好学习计划，严格按照学习计划去执行。而唐毅则靠老师和家长的督促和监管，监管严一些，成绩就上去了，若是松一些，成绩立即就降下来。

综艺节目真好看，我要一直看！

疫情防控期间，学习方式发生了很大的变化，很多课程改用线上授课的形式。对此，鲍宇合理安排了学习、休息和运动的时间，上网课时认真听课做笔记，安排好做各科作业的时间，休息时间运动运动、听听音乐，与平时无异。而唐毅就不一样了，虽然父母也监督他，但是不可能时刻看着他。于是他上网课时三心二意，关起门来玩游戏、看手机，作业完成得也不认真、敷衍了事。早上不早起，一直睡到8点左右，父母催促好几次后才起床，随后迷迷糊糊开始上网课。晚上迟迟不睡觉，经常玩游戏或是看手机看到十一二点。

看到了吧！不管什么时候，遵守规则、懂得自律都是非常重要的。自律可以让男孩独立学习，不偷懒、不拖延，同时还可以养成良好的习惯，在未来成为有原则、能自控的人。

相信大家都听过"头悬梁锥刺股"的故事，这两个故事告诫我们要勤奋好学，但同时也说明了自律的重要性。故事中，孙敬勤奋好学，每天都会读书到深夜，但是每当到了三更半夜时，睡意就会困扰着他。在没人监督和提醒的情况下，为了避免睡着或神志不清，他想出了把头发系在房梁上的办法。每当他打瞌睡、头低下来的时候，绳子就会扯痛他的头皮，促使他因为疼痛而清醒，然后继续努力读书。苏秦也是如此。他也时常读书到深夜，实在抵挡不住困意的时候，就用锥子刺自己的大腿以保持清醒，继续读书。

自律，是男孩必须懂得和学会的。事实也证明，自律的人都很优秀，也比其他人更容易获得成功。当然，自律对于男孩的身体健康和心理健康也是非常重要的。当男孩因为缺乏自律，长期不运动，或总是控制不住地吃许多不健康食品时，就会影响到身体健康。当男孩因为不自律而落后，或被别人排斥时，心理健康也可能会受到影响。

给父母的建议

那么，在男孩的成长过程中，父母应该如何让他们学会自律呢？

❶ 适度放手，但别给男孩绝对的自由

随着男孩年龄的增长，父母要学会适度放手，让他们自己做自己的事情，让他们有自由的空间。但是，这种放手应该是适度的。给予他们一定的自由，但也要制定一定的规则，让男孩必须遵守。

比如，男孩上三四年级后，父母就不必盯着他们写作业了，尝试让他们自己做功课，但是，必须引导和教会他们制订学习计划，规定多长时间完成多少任务，安排好学习、休息和游戏的时间。

需要注意的是，为了让男孩严格按照计划来做，父母可以设置奖惩措施。奖励可以激励孩子，惩罚可以鞭策孩子。当孩子遵守规则时，父母要给予奖励，若是他们不能遵守规则，就必须给予惩罚。

❷ 以身作则，成为懂得自律的家长

男孩是否自律，与所处的环境有直接关系。父母自律，孩子也会自律，父母不自律，孩子也很难养成自律的习惯。所以，父母必须以身作则，给孩子做好示范作用。比如：父母不能时刻拿着手机，吃饭、睡觉时都不愿意放下；不能说好早起训练，却没坚持几天就放弃了。

3 循序渐进，不急于求成

　　罗马不是一天建成的，自律也不是一天就能形成的。在培养男孩自律的过程中，父母要耐心一些，从给他们自由到教他们遵守规则，再到引导他们养成好习惯，最后培养他们的自律性，多给孩子一些时间和耐心。只要父母能耐心地引导孩子、鼓励孩子，那么他们就会从自我放纵成长为自我约束。

面对生活的难题，男孩要敢于自救

　　成长的道路并不是一帆风顺的，总有一些需要面对的难题。这些难题的面对者、解决者，只能是男孩自己，也必须是男孩自己。父母有着丰富的人生经验，可以较为轻松地面对和解决难题。但这些经验从哪里来？就是从解决难题的过程中一点点地积累而来的。男孩也是如此。在男孩的成长过程中，父母要给他们独立面对生活难题的机会，让他们主动地去自救，善于自救。

　　孩子长大后，必然会离开父母，独自去学习、生活，进入职场，与他人交往，之后恋爱、结婚。他们生活好不好，家庭幸福与否，以及事业成功与否，都与其掌握的生存技能、处事能力有很大关系。如果他们掌握的生存技能越多，处事能力越强，那么他们就会对生活和事业上的难题越无所畏惧，同时可以赢得主动权，让自己顺利解决难题、逃离困境。可如果男孩没能掌握必备的生存技能，处理能力弱，那么就很容易被小问题击垮，在生活和事业中一败涂地。

教孩子掌握一定的生存技能！

不妨看看这个故事：

有一个农夫捡到了一只受伤的小鹰，小鹰长得非常漂亮，却因为受伤而非常脆弱。农夫好心为小鹰打造了一个笼子，为它精心包扎了伤口，并且每天都给它准备丰盛的食物。他对于小鹰的照顾无微不至，所以小鹰的伤很快就好了。

农夫本打算把小鹰放了，但是担心它再次受伤，担心它不能面对外面的恶劣环境，便又照顾了它一段时间。慢慢地，小鹰长大了，农夫就算再不舍也不得不把它放了。但令人意想不到的是，小鹰只在野外存活了几天就死了。

小鹰的死，其实是必然的。因为它从小就被农夫照顾，既没有掌握捕猎的技巧，也没有学会自救的本领，根本无法面对恶劣的大自然与凶猛的天敌。事实上，在动物界，很多动物妈妈都会把幼小的孩子赶出家，一是为了锻炼它们的生存技能，二是为了让它们学会自救。动物幼崽只有掌握了生存的技能和自救的能力，才能很好地活下去。如果没有掌握生存的技能和自救的能力，那么肯定无法面对恶劣的大自然，也无法在受伤或遇到困境时逃离危险。

人也需要掌握一定的生存技能和自救技能。所以，在男孩的成长过程中，父母不要帮他们把所有的难题都解决掉，对父母来说，这样做可能只是举手之劳，但对男孩来说，则意味着独立生存技能的丧失。同时，父母要引导男孩做敢于自救、具有自救能力的勇士。比如，教育男孩如何应对突发状况，掌握一些自救的技能。

高强的父亲很注重培养孩子的自救能力，想以此来锻炼孩子的生存能力。比如，高强上小学一年级时，父亲会与他一起演练急病救人的情形。父亲先是给他讲解一些基本的伤口包扎、止血和心脏病急救方法，然后自己扮演受伤的病人。

在客厅里，父亲大喊一声："哎哟，我的手被水果刀割伤了。"

　　高强见父亲的手指"鲜血"直流，急忙说道："爸爸，你不要着急，我去找急救箱来帮你包扎。"说完，高强转身走进书房，从书架的柜子里拿出一个小箱子，然后依次取出绷带、纱布、医用剪刀、酒精、医用棉签、云南白药等。

　　在父亲的指引下，高强一边用医用酒精给"伤口"消毒，一边安慰父亲："爸爸，你忍耐一会儿，用酒精消毒，'伤口'可能会很疼。"然后用不熟练的手法剪开纱布、绷带，把它们放到一旁，再用棉签涂上云南白药，最后把"伤口"包扎起来。

　　等到包扎好之后，父亲高兴地夸奖高强说："孩子，你干得非常好。不过，你要记住，如果你自己遇到这样的突发事件，一定要冷静、迅速，只有这样才能及时自救。记住了吗？"

　　高强点了点头，父亲接着又说："当然，如果你自己不能解决问题，一定要先拨打120或999，然后再尽可能进行自救，避免流血过多，避免伤口感染……"

　　除此之外，高强的父亲还教他面对生活难题的自救方法。比如高强很喜欢奥特曼，最大的乐趣就是存钱买奥特曼。有一次，父亲带高强去逛街，高强看中了一个新款的奥特曼，深深地被它吸引。可问了价钱之后才发现，老板的报价比他所带的零钱高出好几十元。

　　高强问父亲能不能帮他把钱补齐，但是被父亲拒绝了。父亲给了他两个方案，一是回家拿钱，二是和老板讨价还价，看能不能便宜点。之前，高强从来没讨价还价过，有些不敢行动，但是他也不想回家拿钱，因为怕这个奥特曼被别人买走了——老板表示这是最后一个了，而且很抢手。于是，高强只能选择后者。但是他有些胆怯，行动上犹犹豫豫，甚至还想央求父亲帮他。同样地，父亲再次拒绝了他。没办法，高强只能鼓起勇气走向老板，与老板商讨起价格来。虽然他口才不算好，还有些胆怯，但是因为态度诚恳，且嘴巴比较甜，老板很快就把奥特曼卖给了他，还说他"真勇敢，敢自己解决问题"。

　　在父母的引导和培养下，高强比其他孩子更勇敢和独立，能解决生活中的一些难题，也掌握了很多生存技能和自救能力。

父母不能永远把孩子揽在怀里，而是需要放手，让他们独自面对生活的难题，让他们掌握足够的生活技能，这样一来，在之后的日子里他们才能轻松应对，而不是手足无措。

给父母的建议

在这个过程中，我们有几点建议：

❶ 教会男孩保护自己，传授给他们正确的自我保护的技能

在很多父母眼中，男孩是弱小的，无法面对生活的难题，无法应对一些突发的状况或危险，时刻需要大人的保护。但是，他们忽视了一个问题：在父母一次次的保护中，孩子养成了依赖性，依赖于父母的保护，而缺少应该具有的生存技能、自我保护能力。

在男孩的成长过程中，父母不能一味地扮演保护者的角色，而是要鼓励他们独立面对问题、解决问题，教会他们如何进行自我保护、自我拯救。比如遇到意外、他人伤害、校园欺凌等情况时应如何勇敢面对，如何更好地保护自己。

❷ 不要太心软，要学会拒绝男孩的央求

因为年龄小，男孩的意志力可能会相对薄弱，面对生活中的难题时会不自觉地退缩，并央求父母帮他们解决。这个时候，父母千万不要心软，也不要因为孩子的哭泣与软磨硬泡出手帮忙，而是要狠下心肠，对他们说"不"。

❸ 把握尺度，适度放任男孩的行为

　　让男孩独立面对，虽然有助于提升孩子的勇气，培养孩子各方面的能力，但是凡事都需要把握尺度，要按照男孩的年龄、心理承受能力区别对待。比如男孩只有五六岁，就让他们自己独立面对超越年龄的难题，那是不现实的，很可能非但没有起到锻炼他们的作用，反而消磨了他们的勇气与自信。

Chapter 07

让男孩受点儿累

　　没有体验过体能极限的人，不会真正了解自己的韧性；不曾尝试突破能力极限的人，也无法逼迫自己发挥最大的潜力。男孩的意志力，是用汗水浇灌成的，男孩的精神力，是在每一个咬牙坚持的瞬间得到提升的。所以，让男孩受点儿累吧。

　　让他们适当接受一些"吃苦教育"，以此来培养他们的劳动能力、自食其力能力以及独立自主的精神。

身体受累，内心受益

　　男孩成长的真正滋养品，从来都不是费心去除苦涩、艰难之后的甜蜜与幸福。每个男孩，未来都要成为一个坚毅、勇敢、顶天立地的男人，要能经受压力、经受生活的艰辛，这就意味着他们从小就应该体味一些苦，经受一些累。

　　老人时常说："小亏不吃吃大亏，小苦不吃吃大苦。"可很多父母却跟自己的孩子说："我不希望你的手粘泥巴，我不忍心看你干苦活累活。"是的，大部分父母都怕孩子吃苦受累，都有意无意地对孩子隐瞒生活的艰辛，这表面上是对孩子的爱，实际上却是对孩子的伤害。尽管这种伤害不是出于父母的本心，更不是父母愿意看到的。

　　事实上，每个孩子内心深处都有一个自我帮助系统，可以让孩子吃苦，遭遇挫折时，说服自己接纳和战胜它们。就算内心有一个声音在说，"这太苦了，我受不了了"，"我太累了，坚持不住了"，可依旧有另一个声音会说，"坚持一下就好了"，"我可以的"。就好像一岁左右的小孩学习走路时一样，摔倒了，他们懂得爬起来，继续走；再摔倒了，再爬起来，继续走……这或许是一种无意识的行为，但是如果父母给出的反应不同，那么结果也会朝着不同的方向发展。父母觉得孩子摔倒了，没什么大不了的，不摔倒就永远也学不会走路，进而给予孩子鼓励和赞扬，或只是在一旁冷静地观察守护，那么孩子就会再接再厉，一直进步。可若是父母心疼孩子，不忍心，立即跑过去又是安慰又是搀扶，把孩子彻底保护起来，那么孩子之后的学步之路大概不会太顺利，除了哭泣就是胆怯。

　　很多父母说，现在的孩子太不懂事，内心太脆弱，过于矫情，可这恰恰是因为他们把孩子保护得太好了，剥夺了孩子培养坚强、勇敢、自信等良好品格以及顽强意志力的机会。男孩强大的内心不是与生俱来的。让男孩亲身体会一些苦难，该吃苦的时候吃苦，该受累的时候受累，慢慢懂得珍惜与体谅，就可以一点点培养起他们强大而丰盈的内心。换一句话说，儿童和少年时期是一个人人生成长的起步阶段，在这段打基础的时间，父母有意识地开展一些吃苦教育、挫折教育，真的非常有必要，且非常重要。

父母应该让男孩吃点苦、受点累！

12岁的男孩刘柏言在父亲的陪伴下，用时7小时29分钟横渡了琼州海峡。12岁的男孩，横渡二十多公里的海峡，不要说这么长的距离，就是横渡过程中未知的危险，也令人心惊胆战。或许在很多父母看来，他的父亲太不负责任了，怎么能让小孩子冒这么大的风险呢？然而，我们不得不说，这是一个父亲真正爱孩子的表现，他希望通过这种活动真正磨炼孩子的意志力，并且让孩子明白，什么是坚持的力量，什么是对自我的挑战与超越。

其实，刘柏言小的时候身体素质不太好，所以父亲就带着他学习游泳，以锻炼身体、增强体质。从6岁开始，父亲每天坚持带他到训练班练习，有时功课忙了、时间紧了，早上6点钟就起床，练习一小时后再吃早饭、上学。就这样，刘柏言一直坚持练习游泳，而这不仅让他的身体素质越来越好，还让他的意志品质和心理都得到增强。

在横渡琼州海峡的过程中，刘柏言曾经三次被水母袭击，多次遭遇海浪的袭击，并且面临着体力严重不足的困境，但是他没有放弃、没有惧怕，一直勇敢地坚持着，最后成功地游完全程。相信这次横渡带给刘柏言的，除了成功的体会，更多的是精神的力量。

每个孩子都该为自己的人生负责，现在父母可以为他们吃苦，替他们受累，帮助他们解决困难，可未来呢？走入社会之后，没有人能再替他们做任何事情。现在很多父母提倡富养，片面地把吃苦受累放在富养的对立面，好像让孩子吃自己曾经吃过的苦、受自己曾经受过的累，就对不起孩子。但事实上，真正的富养在于精神，在于内心，在于气质与品格，而并非简单地不吃苦、不受累。

孟子说："劳其筋骨，饿其体肤，空乏其身，行拂乱其所为，所以动心忍性，曾益其所不能。"让身体吃苦受累，是让内心受益的前提条件，也是必要条件。有见识的父母，不会千方百计避免男孩吃苦受累，而是会乘机磨炼他们的身体与意志。

曾国藩是近代史上赫赫有名的人物，他贵为朝廷重臣，却从不骄纵自己的孩子。他把妻儿留在乡下老家，要求儿子每天打扫院子，读书、练字；教育儿子不许养成懒惰的习惯，要习惯于劳苦。他的两个儿子都长大成才、大有作为，而且其他曾家子弟也没有一个纨绔子弟。

C罗是超级球星，拥有别人难以比拟的财富，他小时候吃过很多苦，平时更是不顾一切地埋头苦练。在谈到对于儿子的教育时，他希望孩子能吃苦受累，就像他曾经遭受的那样。"他们这一代，获得一切都非常容易，他们有电脑，无须做出牺牲就能获得他们想要的东西。我希望他们受点苦，就像我曾经遭受的那样。"

然而，我们身边的男孩很少有吃过苦的，也很少有受过累的，他们大部分都在父母的宠爱中长大，就算家庭条件不太好，父母也是想办法委屈自己，尽量给孩子提供最好的物质条件，不忍心让孩子受委屈。但父母的这种宠爱，反而让他们缺乏意志力，内心非常脆弱，没有承受能力，也不能做到乐观、坚强。

可见，越爱护孩子，就越应该让孩子吃点苦、受点累，培养他们不怕吃苦、不怕受累的精神。当然，这不是非要像一些"虎妈""狼爸"一样，把孩子送入吃苦训练营，让孩子承受超过他们年龄段的超强度训练。

能让男孩内心受益，心灵和意志力受到磨炼的，往往来自日常生活中的一件件小事情。

给父母的建议

❶ 面对孩子生活中的苦与累，父母要学会坦然地接受，而不是如临大敌

很多时候，父母比孩子还担心、忧虑，觉得孩子无法吃苦受累，想尽办法帮助孩子免于吃苦，甚至代替他们吃苦受累。可是，这只会让孩子坐享其成、乐于享受，一旦遇到困难与挫折就会焦虑、紧张或是习惯性逃避，之后也不能充分发挥自己的能力。

❷ 父母可以多锻炼孩子，从日常生活的一点一滴中来加强他们的"吃苦"教育

可以加强孩子的体育锻炼，如与孩子一起晨跑、打球、游泳，鼓励他们坚持到底，不轻易放弃。用一件件小事让孩子养成坚强的意志品质，使他们能吃苦受累。比如，天气很糟糕，孩子不想去锻炼，父母不能妥协，而是要陪着孩子一起坚持锻炼；与孩子去爬山，快到山顶时，孩子喘着气说不想再爬，父母鼓励孩子坚持到最后；寒暑假期间，把孩子送回农村老家，让他们与爷爷奶奶一起做农活，喂猪养鸡、种菜种粮……

❸ 身体受累，要与男孩的年龄相适应，不能超过限度

任何事情都应该有一个度，在磨炼男孩这件事上也是如此。3岁的男孩，可以要求他们整理自己的玩具，叠自己的小衣服；6岁

的男孩，可以要求他们帮助父母做一些家务，拿一些较轻的蔬菜、水果；十几岁的男孩，则可以做一些强度较大的劳动、运动……

可以说，身体受累，吃点苦、受点挫折，这是男孩在为未来蓄力和做准备。虽然这与成才没有必然联系，但是却可以让他们在进入社会后走得更加平稳顺畅。

"穷养"男孩

穷养男孩，富养女孩，这似乎已成为当代家长普遍接受的观点。不过，恰如富养女孩不仅局限于一味为女孩提供金钱、物质上的享受一样，穷养男孩也不能刻意在物质上不满足男孩，不给买玩具、零食，不给买好的衣服、学习用品、生活用品，更不给一分零花钱。

如果狭隘地认为穷养就是字面上的意思，让男孩在物质和金钱上处于匮乏的状态，那就真的大错特错了。如果父母刻意在物质上穷养男孩，那么极有可能导致男孩精神上不满足，有可能变得自卑，就算之后事业有成，也难免感觉自己低人一等，很难有更大的成就。因为他们感到自卑，变得敏感、脆弱，在行为上也会表现得唯唯诺诺、缩手缩脚，没有勇气和胆量，没有格局和眼界。

"穷养"不是刻意让男孩过苦日子！

李辉的家庭条件不错，爸爸在一家公司做主管，妈妈在幼儿园当保育员。因为看到很多被娇生惯养长大的男孩任性、霸道、自私，在同伴中不受欢迎和肯定，所以妈妈十分注重对李辉的教育，从来不过于溺爱和袒护李辉。后来，受到穷养男孩教育观念的影响，再加上自己也是农村出身，从小就吃过很多苦、受过很多罪，知道穷养的孩子早懂事、早独立，于是，妈妈便对李辉采取了穷养策略，不给孩子买零食、玩具，买的衣服也没有超过100元。加上朋友家的孩子只比李辉大1岁，所以上初中之前，李辉的一大半衣服都是朋友家的孩子穿不下的。

一次，爸爸妈妈带着李辉去买羽绒服，逛了半天，李辉看中一件运动款羽绒服。这款羽绒服款式和保暖性非常好，李辉的几个朋友也买了，李辉非常喜欢并且渴望得到它。但因为是名牌，价格自然高一些。

爸爸的意见是：既然孩子喜欢，这衣服又不错，那就买下来吧。可妈妈却嫌贵，对着父子俩说："这件衣服太贵了，小孩子怎么能花这么多钱买件衣服呢！而且小孩子长得快，说不定明年就穿不了了。男孩子不用这么讲究，买之前那件便宜的就好了。"妈妈说的那件衣服款式不算好看，且保暖性没有这件好，但价格便宜，还不到这件的五分之一。

听了妈妈的话，李辉的脸色立刻黯淡了下来，自卑地低下头。在他看来，自己不配穿好的衣服，不配拥有好的东西。爸爸见状，坚持说："咱们家又不是没有条件，你为什么一直刻意苛刻地对待孩子呢？你看，谁家父母不是想尽办法满足孩子的要求……"

话没说完，妈妈就反驳说："所以呀，现在很多孩子都任性、跋扈，花钱如流水。人家都说男孩要穷养，我们不能动不动就给他买那么贵的衣服和玩具，这对于孩子的成长不好！"因为是在公众场合，爸爸不愿意争吵，所以也只能依了妈妈，不再多说一句话。而自此之后，妈妈更是将对李辉的穷养政策贯彻到底了。

中学毕业前，李辉没有零花钱，不能买零食和玩具，连学校周边的冷饮店、快餐店也没有进去过。有时，要好的同学招呼大家一起去喝冷饮，或是到付费球场打球，李辉都会找借口拒绝。久而久之，李辉越来越自卑。在与同学交往时，不敢主动表现，总是小心翼翼。

李辉的妈妈也感到很困惑：难道穷养孩子真的错了吗？我们那个时代，每个孩子在物质上都很匮乏，买不起任何玩具，还需要勤工俭学为自己赚学费，却很懂事、很出息呀。李辉妈妈的困惑，也是很多家长的困惑。其实，男孩应该"穷养"，但不是物质上的穷养，不是刻意让男孩过苦日子、穷困的日子。

那么穷养到底是什么？这个"穷"字应该如何理解呢？

第一，穷养，是不溺爱孩子，不让孩子在生活中养尊处优，什么都不干，什么都不会干。父母不可能养孩子一辈子，孩子的成长也只有一次，而且不可逆转。父母可以在物质上尽量满足孩子，但是一定要让他们吃一些苦，让他们学会独立、自主，学会自食其力。

只有学会了吃苦，吃得了苦，并且具备独立生存的能力，孩子才能有好的将来。同时，只有如此，孩子才能更勤劳、努力，更懂得珍惜和感恩，进而不自私、不自我。

对于男孩来说，吃苦和勤劳就是财富。很多人之所以能成为卓越者，正是因为有着吃苦耐劳的精神和勤劳的品质。

第二，穷养，是让孩子体味父母的辛苦，在金钱上不挥霍、不大手大脚，从小就养成勤俭节约的好习惯。当然，让孩子节俭，并不是像前文李辉的妈妈一样，刻意不为孩子花钱，而是帮助和引导孩子只花那些必须花的钱。如果孩子的要求合理，要买生活和学习的必需品，父母就需要给予满足，否则，只会让孩子自卑，同时对于金钱异常敏感。

第三，穷养要让男孩学会自己的责任自己承担，让他们独立面对生活的难题。一位儿童心理学家曾经说过："有十分幸福童年的人，常有不幸的成年。"这种说法虽然有些片面，但是也有一定的道理。从小到大没有遇到难题，男孩成长就会缺少一个助推器。不管是生活上还是学习上，这些难题对于男孩的身体和心理都是巨大的考验，只要父母不刻意溺爱孩子，不刻意让孩子远离难题，而是引导他们通过努力培养能力，解决难题，就能让男孩获得成长，内心变得更强大。

我们说的"穷养"男孩，不是让男孩物质上变得穷困，而是在精神上"富养"男孩，让男孩吃一些苦，面对一些挫折和难题，给予他们精神和心灵的指引。

体力就是意志力

　　人的信念可以转化为体能。只要有顽强的意志力，就可以突破体力的极限，甚至创造奇迹。马拉松比赛就是一个很好的例子。一个马拉松选手能否拿到冠军，不仅要看体力、耐力，更要看意志力。在筋疲力尽时，有强大的意志力的支撑，就能坚持跑下去；在看不到终点时，怀着一种战胜自我的决心，就能一直向前。

　　意志力是什么？意志力是人们内心的一种强大的推动力，是人们实现某个目标的内在动因。人的意志力是7岁前形成的，也就是说，在男孩7岁前，父母如果不注重培养，那么男孩就很难有坚强的意志力。另一个方面，在儿童教育上，意志力的培养也很重要。

有一个成语叫"力不从心"，意思很简单，就是心里很想做到，但是能力或力量达不到。当然，体力也是如此。当你身强体壮、元气满满时，是察觉不到体力不足的。但是当你身体羸弱、无精打采时，便会感觉到力不从心、疲惫不堪。试想，跑个步就气喘吁吁，歇半天才能缓过来；或是每天病恹恹的，一到冬天就感冒、发烧，大病小病不断；学习时间长一些，功课多一些，便疲惫得很，浑身没有劲……那坚持力和忍耐力又从何谈起呢？即便男孩内心再想拼一拼、搏一搏，也是纸上谈兵。

可见，身体是本钱，是人的精神意志的寄托。实际上，在男孩4岁之后，就可以适当地让他们经受一些体力之苦。想要培养男孩强大的意志力，家长就应该让他们增强体能，有好的体力。有研究表明，克服体力方面的困难，对于孩子抗压能力、意志力的提高是非常有利的。年龄小的男孩，或许不知道忍耐意味着什么，或许不明白坚持的意义，但是良好的运动习惯有助于自我控制，有助于增强乐观、坚韧、顽强的因子。同时，当男孩独立完成一个又一个挑战身体极限的运动，或是一些比较难的体力目标时，内心就会充满信心，之后会更从容地面对更大的挑战，不被压力、困难压垮。

意志力的培养，从增强体力开始！

　　林耀上小学二年级时，某一天从学校带回一张表格，上面写着"21天养成晨跑的好习惯"。原来班主任为了让学生锻炼身体，要求他们每天早起40分钟，养成晨跑的好习惯。也希望通过这个好习惯，增强学生的自信心与坚持力。

　　林耀妈妈对老师的做法非常支持，因为林耀从小身体就有些虚弱，时常头疼脑热，她正愁找不到理由让林耀进行锻炼呢。但是，每天早起、晨跑，说起来容易，执行起来却很困难。头几天，林耀的积极性还不错，不用妈妈催促就主动起床，与爸爸一起去小区广场晨跑。可慢慢地，起床就成了难题，尤其天气转冷之后，与晨跑比起来，温暖的被窝似乎更有诱惑力，林耀总是磨磨蹭蹭才起床。再后来，林耀的借口多了起来，不是肚子疼，就是太累了。三天打鱼两天晒网，最后就将这件事抛到脑后了。

　　妈妈觉得林耀太小了，让他坚持做一件事本就很难，并且这样逼迫孩子早起、跑步也太辛苦孩子了，因此她也没有起到严格监督的作用，没有强迫孩子。在她看来，不管是锻炼身体还是培养孩子的好习惯，都应该等到孩子长大之后再说。孩子年龄小，身体素质又不好，何苦让他吃苦又受累呢？

　　然而，林耀妈妈却忽视了一点，不管男孩还是女孩，在7岁左右意志品质就已经形成。超过这个年龄段，再想培养就晚了。而且如果没有强健的体魄，也很难形成坚强的意志力。

　　后来，林耀喜欢上了弹钢琴，对钢琴表现出无比的热爱，妈妈对于这件事也乐于成全。她给林耀报了专业的钢琴班，还花了一大笔钱买了一架钢琴，希望孩子能练好钢琴。林耀愿意学钢琴，也愿意坚持，可是练琴不只需要兴趣，还需要体力与毅力。尤其学习的前期是枯燥的、辛苦的，为了应对这些考验需要花费大量的时间和精力。一开始林耀还能应付，可是渐渐地，他觉得身心俱疲，之前的兴趣与热爱也慢慢淡了。

再加上林耀妈妈急于求成，不断让他参加各种活动、比赛，希望他能获奖，这让他更加退缩，最后也如晨跑一样放弃了。更为重要的是，之后林耀暴露出一些问题：做事喜欢虎头蛇尾，没有足够的坚持力和自制力；内心比较脆弱，不能接受失败和挫折；没有自信，做事犹犹豫豫……这源于林耀内心的脆弱，当然也源于身体器质性的缺点。

意志力的培养，需要从小开始，需要从增强体力开始。劳其筋骨，是磨炼意志的重要方法，也是最有效的方法。受体力之苦，能让孩子身体健康，能让孩子坚强起来。正如梁启超说："患难困苦，是磨炼人格之最高学校。"父母应该从锻炼男孩的体力开始，慢慢地磨炼他们的意志力。当孩子拥有强健的身体，就会有强大的内心；当孩子能够体味体力之苦，就可以意志坚强地站在我们的面前。

给父母的建议

在培养男孩的意志力时，父母要注意以下三个方面：

❶ 通过体育运动，锻炼男孩的意志力

3岁到12岁，是男孩形成良好习惯、品质以及意志力的关键期。这一时期，男孩的可塑性非常大，容易在生理和心理上接受大人的引导和训练。所以，父母要适当引导，让体育运动成为男孩生活的一部分。在运动场上摸爬滚打，踢球、奔跑、游泳……不仅能锻炼身体，增强孩子的承受能力、抗压能力，还能逐步锻炼孩子的意志力。

　　体育锻炼很苦、很累，有时还有体力透支的情况，这个时候，是否坚持、是否挑战自己身体肌肉的极限，就是男孩的意志力能否得到提升的关键。

❷　体力劳动，是必不可少的

　　现在很多男孩是被娇生惯养长大的，动手能力弱，几乎很少做体力劳动，可以说体力劳动成为他们的第一需求。父母应该为男孩创造体力劳动的机会，不必担心他们受苦受累。因为劳动的价值不仅是让男孩体验生活，克服娇气、懒惰的坏习惯，更重要的是通过体力的透支来培养耐心、韧劲，提高男孩的意志力。

❸　增加活动的趣味性，适当锻炼男孩的承受能力

　　男孩都渴望新鲜，如果只是一成不变地强迫他们进行体育锻炼或是体力劳动，让它们变成简单枯燥、被迫执行的任务，那么效果就会适得其反。因此，父母需要尽可能地增加活动的趣味性，让男孩在锻炼中更积极自如，同时无论是体育锻炼还是体力劳动，都应该有一个度，不可超过孩子的承受能力。

懒惰的杀伤力

在男孩的成长过程中，懒惰是最具有杀伤力的。懒惰是学习的天敌，性情懒惰的男孩上课注意力不集中，不爱做作业，不愿意思考，遇到难题就习惯性偷懒，或是等待老师讲答案，或是干脆抄同学的答案。懒惰是独立、自主的障碍，不愿意做力所能及的事情，不愿意参加家庭劳动，衣来伸手饭来张口，什么事都依赖父母，什么事都需要父母包办，这不仅让男孩劳动能力退化，更让他们变得异常娇气、脆弱，四体不勤，五谷不分。懒惰更是进取心和毅力的克星，因为懒惰，所以不愿意行动，不愿意坚持，在思想上得过且过、不思进取，没有一点点激情。

孩子懒惰，是很多父母感到头疼的一件事。每天看着孩子在学习上、生活中懒散消极，做一点事情都百般不情愿，真的是一股火气往脑门上冲。

专家告诉你

有人曾经对一所重点中学的高一学生做过调查，其中79%的学生从来没有自己洗过衣服，67%的学生没有用过电饭锅，还有一大部分学生不会包书皮、叠衣服、缝扣子。另外，有调查显示，我国小学生每天的劳动时间平均仅仅只有12分钟。劳动时间不足，会让劳动能力退化，更让自理能力、独立能力减弱，劳动意识变得淡薄，长此以往，懒惰就会变成理所当然的事。在生活中如此，在学习上也是如此，进而在未来的日子里都无法再有勤奋、努力的心。

要培养孩子勤劳的习惯！

孩子懒惰，不劳动、不会劳动、不愿劳动的现象并非天生的，而是家长的教育方式出现偏差造成的。我们时常看到类似的现象：一些家长尤其是妈妈，一边抱怨孩子懒惰、不愿意干活、不知道努力学习，一边却对孩子娇生惯养，包办或代替他们做大部分事情；为了让孩子安心学习，禁止他们做与学习无关的事情，担心孩子做体力活会累或耽误学习，不给孩子从事体力劳动的机会，甚至不让他们做自己分内的事，比如叠被子、整理书包、收拾玩具、洗内衣内裤等，孩子没有养成劳动的意识，没有学会劳动的能力，自然就容易养成懒惰的习惯。

不管男孩还是女孩，必须从小养成劳动观念，学会各种劳动技能，形成勤劳、努力的好习惯。其实，两岁的孩子就可以收拾自己的玩具、小衣服，做爸妈的小帮手，拿个水杯、扔个垃圾了。而十几岁的孩子，则更应该成为勤劳、有能力的好孩子。如果父母过分溺爱孩子，会把孩子养成懒散成性、依赖成性的人。

平平是个12岁的男孩，进入青春期的他，变得越来越爱臭美耍帅，衣服和鞋子一天一换，每天换下来的衣服和鞋子都要妈妈来洗。可妈妈每天上班很忙，晚上七点多才到家，还要做饭、打扫卫生、洗衣服，很是辛苦和劳累。于是，妈妈希望平平能自己洗衣服、刷鞋，平平却一点都不情愿。平平说自己功课忙，没有时间做这些事情，更何况自己也不会呀！是啊！平平从小就没做过这种事情，又怎么会突然具有劳动的意识和能力呢？接下来的日子，平平依旧我行我素，放学回家就把衣服塞进洗衣机，把鞋子脱到卫生间，如果哪天妈妈太累了，忘了给他洗衣刷鞋，他便开始发脾气闹别扭。

之前平平妈妈没有发现，现在终于意识到了，这孩子真的太过懒散，性格懒惰，做事拖拉，整天就想着吃喝玩乐，也不体谅父母的辛苦。有时爸爸劳累了一天，回到家后只能瘫坐在沙发上，想让平平给他倒杯水，平平都不愿意动。有时与妈妈一起逛超市，妈妈两只手都拎着沉重的东西，想让平平帮忙拎一会儿，他都嫌累，对妈妈不管不顾。

在学习上，平平也没有上进心，不愿意学习，时常不按时完成作业，总是敷衍了事，所以，成绩非常糟糕，一直都是班级后几名。父母很是着急，教训他、批评他，督促他好好学习，他却一副无所谓的样子。父母给他报培训班，他也嫌辛苦，说什么也不愿意去上……现在，平平只顾着自己舒服、惬意，不管父母和老师如何批评，也不愿在学习上用心和用功。到了这个时候，平平妈妈才后悔不已，后悔没有从小教会平平勤劳，后悔一直纵容和娇惯他。她不知道这样懒惰、没有进取心的孩子，未来怎么办！

其实，像平平这样的男孩不在少数。他们从小没有劳动意识，没有养成勤劳的好习惯，行为上和思想上都不积极进取，贪图享受，更没有什么激情和豪气，如果一直不改变，长大后也难以有所作为。

"人生在勤，不索何获？"勤奋是成功的关键，懒惰是人生的天敌。父母在男孩小时候就应该教会他们勤与劳，使其避免成为懒惰、消极的人。

给父母的建议

那么如何改变孩子的懒惰与消极呢？在这方面，父母需要注意以下几点：

❶ 通过家务促使男孩勤劳

父母可以采取奖励的方式，促使孩子动手做自己分内的事情，或是一些简单的家务活，避免让他们过衣来伸手饭来张口的生活。做家务活，可以让男孩懂得珍惜自己的劳动成果，也有助于他们体谅父母的辛苦，明白自己所住的房子、所穿的衣服、所用的文具，都是父母辛苦劳动的成果。

　　在家务劳动中，还能使孩子的筋骨得到伸展和锻炼，精力得到消耗，达到锻炼身体的目的。同时，这也可以让孩子提升劳动能力、学会战胜困难的方法，在生活和学习中更自信、坚强、有毅力。

❷ 纠正孩子学习中的懒惰

　　懒惰，永远是孩子学习上的天敌。在学习上懒惰的孩子，成绩也很难出色。发现孩子在学习上懒惰，父母一定要及时纠正，让他们变得勤快起来。当然，这种勤快是行动上的，更是思想上的。在这个过程中，千万不要给孩子贴上"懒惰"的标签，也不要总是训斥"你怎么这么懒"，因为这样会助长他们的懒惰行为和懒惰思想。尤其是进入叛逆期的青少年，你越说他们懒惰，他们就越懒惰给你看，同时很可能会享受懒惰给自己带来的"好处"。

❸ 对于年龄小的男孩，父母不能操之过急，更不要吹毛求疵

　　孩子毕竟还小，操作能力没有那么强，自控能力也不太好，难免出现懒散、不努力的问题。这个时候，父母需要少说教、少训斥，以身作则，给孩子做好榜样，或是通过带孩子体验劳动来培养他们勤奋与努力的好习惯。

Chapter 08

男孩的"命令与征服"

男孩的心中，那份与生俱来的好胜心与征服欲，如同初升朝阳般炽热而明亮。他们渴望在每一次挑战中证明自己，这种好胜心，促使他们勇于面对失败，从每一次跌倒中吸取经验，再次站起；而征服欲，则驱使他们不断探索未知，攀登一座又一座高峰。在追求卓越的道路上，男孩用汗水书写青春，以坚韧不拔的意志，将梦想一步步变为现实。

做主动征服命运的人

男孩，不可能一直是小娃娃，当他们长大后，就要成长为男子汉。父母不能让男孩一直处于父母的羽翼之下，而是应该让他们成为自己的主宰者，成为生活中的征服者。只有如此，男孩才能逐渐成为领导者、胜利者，而是不失败者与被淘汰者。

父母应该意识到一个问题：每一个男孩内心都有征服欲，喜欢做英雄；喜欢迎接挑战，与命运抗争；喜欢战胜自己，让自己变得强大起来。可由于客观或主观因素，这种征服欲可能会消退、被埋没，让男孩沉浸在敏感、自卑、懦弱与消极之中，无法激发心中的渴望。

这个时候，父母就应该给予男孩正确的引导与教育，不管什么时候都永远站在支持他们的战线上，不仅要为他们开心、为他们忧心，更要带给他们满满的信心、力量与希望，让男孩的内心强大起来，有征服一切的勇气与胆量。

要鼓励男孩去征服一个又一个难题！

姓名：奥吉

身份：一个脸部畸形的孩子

困扰：经常会遭到小伙伴的欺凌，变得自闭

结果：在家人的关爱和鼓励下，战胜了自己

一部《奇迹男孩》的影片感动了无数人，也激励了无数人。故事里的主人公是一个10岁的男孩，名叫奥吉，他出生在一个温暖的家庭，父母爱他，姐姐也爱他，但是脸部畸形，让他成为一个特别的孩子。

奥吉从小就很少接触小伙伴，几乎很少出现在众人面前。但是随着年龄的增长，他不能一直待在家里，必须到学校接受正常的教育，开始正常的生活，于是父母决定送他入学。这对于奥吉来说，是一件非常艰难的事情。他因为知道自己的特别之处，惧怕与别人接触，所以一开始极力拒绝上学，但在父母的鼓励下，他还是勇敢地迈出了第一步。

第一次面对新鲜的学校、看到小伙伴们快乐地玩耍，奥吉眼中有着希冀与渴望，但更多的是害怕和拘谨。因为长得特别，奥吉第一天就遭到小伙伴们的嘲笑、疏离与冷眼，还遭到了一些坏小孩的欺凌。这让奥吉的自尊心受到了严重伤害。他哭着对妈妈说："他们说我很丑。"这句话有委屈也有受伤，更有对于上学的排斥与恐惧。

妈妈很心疼奥吉，内心很是煎熬，但还是鼓励和夸赞他，给他信心和勇气。爸爸和姐姐也很关心他的感受，给予他鼓励和支持，对他说："你会感到很孤独，但我们都在。""有的人生下来，就注定与众不同。""你天生与众不同，注定不会淹没在人群中。"他们坚信奥吉可以融入学校，并且像正常孩子一样生活和学习。在家人的爱与鼓励下，奥吉开始尝试适应学校的生活，并且还有了第一个好朋友——杰克·威尔。他战胜了恐惧与自卑，逐渐变得自信与乐观。虽然很多人会嘲笑他、疏远他，但是他想象自己是宇航员，戴着宇航员的头盔去上学。

不幸的是，奥吉又一次受到了打击。在万圣节那天，他兴高采烈地去找朋友杰克·威尔玩，却听到了他在背后说自己的坏话，这让他感到伤心、难过，刚刚构建好的自信又瞬间崩塌了。他变得更敏感，不搭理杰克·威尔，不理会任何人，就连别人的示好也拒之于千里之外。他甚至开始自闭，连家人都不再搭理。

这一次，奥吉面临着巨大的挑战。如果他能战胜自己，就可以彻底改变，以后可以自信地生活，可如果他不能战胜自己，那么生活将越来越糟糕，永远都处于黑暗之中。好在在父母和姐姐的关爱和鼓励下，奥吉战胜了自己，开始勇敢地面对小伙伴，开始接纳和原谅好朋友，并且越来越融入校园生活。

残缺的面容给奥吉带来了无尽的苦难，走进校园、融入小伙伴的过程，也充满了巨大的挑战。但幸运的是，奥吉实现了真正的成长，让内心变得越来越强大。而这一切除了家人给予他的信心与力量，更关键的是，他能够接纳磨难、接纳自己，战胜了自己、征服了命运。

或许因为年纪小，男孩没有自我认知的能力，无法走出个人缺陷的阴影；或许因为敏感、胆怯，男孩在强大的敌人——苦难、失败面前习惯于退缩，虽不甘心，仍被迫屈从，认为自己不可能战胜命运与这些强大的敌人。然而，世界上有多少个不可能，就有多少个把不可能变成可能的机会，而这完全取决于自己。

《老人与海》中有这样一句话："我们都是自己史诗般斗争的英雄——在我们生命中的每一天，我们要么输，要么赢。也许伤痕累累，但永远充满希望。"奥吉就是他自己人生中的英雄，他面对苦难与挑战，丝毫不改变内心的善良与坚强，就算受到一次次伤害，依旧不放弃，依旧努力地征服命运。

想要让男孩成为征服命运的人，家长就需要向奥吉的家人学习，让男孩每天都充满希望，带着信心与勇气去战胜困难！

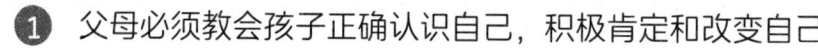

给父母的建议

① 父母必须教会孩子正确认识自己，积极肯定和改变自己

一个人最难的是认识自己，只有正确地认识自己，有了自我接纳和自我欣赏的能力，才可以实现自我价值，成为一个主动征服命运的人，而不是被征服者。换句话说，我们要教会男孩战胜自己，只有战胜自己，才能在之后的日子里战胜命运，战胜他人。

② 父母要让男孩坦然地面对失败，不把他们看成"废物"，也不让他们把自己看成"废物"

时常遭遇失败的男孩，更容易失去信心和勇气，久而久之，容易自我怀疑和自我厌弃，认为自己是"废物"。孩子只是孩子，思想没有那么成熟，很容易被一次次挫折和失败打倒，对学习和生活失去信心，认为自己不管怎么努力，也无法改变和有所突破。长此以往，就会产生无助感和耻辱感。父母需要多引导孩子，让他们审视自己的行为，激励孩子把每一次失败都转化为动力与起点，进而征服失败与自卑。只有如此，孩子才能真正战胜自己，向成功更进一步。

既然总要有人胜，凭什么不能是你？

　　竞争是客观存在的，不管喜不喜欢，愿不愿意，谁也改变不了这个事实。每个人每天都面临各种竞争，成绩上的、各种比赛中的、各种游戏上的，以及生活方面的。当然，有竞争就有输赢。就好像做一件事情，有成功也有失败一样，不可避免。有竞争意识，有胜负欲，可以让男孩不惧怕挑战，更有冲劲和激情，得到更好的发展。

　　话虽然这样说，一些男孩却出于种种原因，或是不自信，或是害怕失败，而不敢竞争，不愿意参与竞争。与其说这些男孩不在乎输赢，不如说他们的心态出现了问题。因为不自信，所以没有勇气参加竞争性活动，更不会挑战同学、朋友；因为害怕失败，所以还没有做事就想着"万一失败了怎么办""反正都是输，还是早一步退出了吧"。更有一些男孩，根本就没有胜负欲，参加比赛、游戏都毫不在意，拿第一不会高兴，拿倒数第一也不会着急与担忧。作为一个男孩，不在乎输赢，不一定是坏事。这说明孩子心态很好，拿得起放得下，然而没有一点胜负欲，做什么事情都满不在乎，慢慢地就可能被磨没了激情、竞争意识，长大后也习惯混日子，甘心碌碌无为。

　　男孩应该培养竞争意识，面对比赛有一定的胜负欲，面对竞争有拿第一的信心和勇气。在教育男孩时，父母要帮助他们建立信心与勇气，把好的心态传递给孩子，引导孩子学会竞争、敢于竞争。

抛弃害怕与不自信，正确看待输赢！

科比曾经说过："总要有人胜，为什么不能是我呢？"在球星云集的NBA，科比面临着巨大的挑战，竞争不可谓不激烈，心理负担不可谓不大。但是，他不害怕、不畏缩，内心只有一个信念，那就是："我要赢！"他每天凌晨四点就来到训练房，这时大多数人还在睡梦中，他却已经开始苦练球技了。他自信满满，不断地迎接一个又一个挑战，拿下一个又一个全场最高分，最后成就了自己的篮球梦，也成为无数年轻人心中的偶像。

孩子心中存在害怕、不自信的念头是很正常的。父母应该给予他们正确的引导和鼓励，大声地告诉他们："既然总要有人胜，那凭什么不能是你？"让男孩正确地看待赢与输，抛弃害怕与不自信，每每遇到竞争、比赛就觉得全身细胞都活跃起来，内心也跟着跃跃欲试，如此他们才会战胜一个又一个对手，完成一个又一个挑战，拥有强大而又积极的内心。

俊俊原本是个不太自信的男孩，做什么事情都不爱积极表现自己，也不愿意参与竞争性、比赛性活动。小时候，俊俊学习骑平衡车，很快就掌握了动作要领，骑得非常不错。院子里有几个小孩也学会了骑平衡车，于是几个家长便"组织"了几次平衡车比赛。但是，在这些比赛中，俊俊总是输的那一个。他很失落，因此之后比赛时的表现就不太积极。妈妈问他："你的技术不错，为什么不放开往前冲！"俊俊却低着头说："我怕我赢不了！""我没有小伙伴骑得快！"

父母觉得俊俊这样的心态要不得，于是便引导他参加竞争性、比赛性活动，给他灌输勇于竞争、善于竞争的思想，同时鼓励他相信自己、别怕失败。慢慢地，俊俊有了很大转变，尤其是心理素质得到了很大提高。初中一年级，俊俊参加学校足球队的选拔，对于能否被选上，俊俊一点也不担心，并且乐观地对妈妈说："对于每个人来说，机会都是均等的。不过我平时有好好练球，技术和体力都不错，只要尽力表现，勇敢向前冲，那就没有什么问题。"

球技考察结束之后是体能考察，教练采取"竞争淘汰"的方式，一开始是100米往返跑，后来是400米跑，再后来是1000米跑。这样跑下来，大部分孩子已经累得气喘吁吁，但是考核远还未结束，教练又让孩子开始第二轮奔跑，项目依旧是前面那几个。慢慢地，很多孩子已经体力不支，开始有人选择退出。接下来是第三轮，退出的人更多了……

第三轮奔跑结束后，俊俊已经筋疲力尽。妈妈看着非常心疼，担心孩子的身体承受不了，便急忙来到他身边，劝他选择退出。谁知俊俊却说："现在很多人都在坚持，我也能坚持。虽然我不一定被选上，但是不到最后，谁知道胜者不是我呢？我这一次可以退出，可是下一次呢？遇到挑战就退出，一直退下去，我还能做什么事情，还能有什么成功的机会呢？"结果，俊俊成功被选入学校足球队，而且表现还不错。

可以看出，俊俊真的成长和成熟了，学会了自信地面对挑战，更学会了坦然地面对赢输。男孩就应该有自信和勇气，就应该有竞争心和胜负欲，只要孩子不过于在乎输赢，不心态失衡，那结果就是好的。

在这个充满竞争的环境中，孩子害怕竞争，不敢去冲、去赢，其实是懦弱、自卑的表现。长此以往，孩子没有勇气去争取想要的东西，也没有信心去做任何事情，结果只能成为失败者。父母要从小培养男孩的竞争意识，鼓励孩子相信自己、挑战自己。

第一，父母要摆正心态，不要用"听话""乖"来要求孩子。父母要从小培养男孩敢想、敢说、敢做的品质，鼓励他们敢于挑战、争个输赢。

当然，不管是鼓励孩子自信、勇敢，还是给孩子灌输竞争意识，父母都不能采取过激的方式，对孩子说"你看你，你就不能做得更好吗"，更不能训斥和贬低孩子，说"你就是个胆小鬼，什么也做不好""你怎么又输给了别人，真是个废物"。这样的语言会损伤孩子的自尊，让孩子觉得自己不行，更不敢也不愿参与竞争性、比赛性活动了。

第二，避免让男孩过早、过多地参与竞争，避免孩子产生输不起的心态。

有些父母过于功利，早早让孩子学习各种才艺，过多地让孩子参加比赛，如果孩子赢了、得了名次就高兴，可如果孩子输了、表现不尽如人意就满脸不高兴，甚至还会训斥、责骂孩子。这样的教育方式，不仅无法让孩子享受比赛过程，对输赢保持平常心，还可能造成孩子的自卑与懦弱。

另外，引导孩子时千万不要给他们过大压力，总说"这次你一定要拿第一""你一定要在竞选中获胜"……反而会适得其反。父母应该告诉孩子，"不要太在意输赢，你只要尽自己最大的努力，时刻保持信心就可以了"，如此，孩子才能保持一种良好的心态，并且清晰地了解自己未来努力的方向。

表现欲与征服欲

男孩都有表现欲、征服欲，想要成为小伙伴的领导者。仔细观察一下，我们就会发现，当孩子进入一个团体时，最关心的事情就是：这里面谁是"老大"。其实，这就是源于孩子的竞争心理。而且，绝大部分男孩都有想成为团体"老大"的欲望，每到一个领域或团体都会思考：这个领域或团体的规则是什么？当"老大"需要什么要求？我如何努力表现才能脱颖而出，让其他人推崇我？这与女孩不一样，虽然不管男孩还是女孩都渴望进入某个团体，都想着表现自己，但是，当女孩进入一个团体时，想的事情是：我该如何融入他们，该如何受到别人的喜欢？

现实中，很多男孩想要征服他人，成为小团体的"老大"，但并不知道如何去做。这些孩子因为自我意识很强，往往采取简单粗暴的方式——武力，甚至是暴力来解决。这种方法可能被从小用到大。年幼的时候，男孩与小伙伴们一起做游戏，为了掌握领导权，做发号施令的"老大"，往往会直接命令："你要听我的！"如果有人不服气，便会直接把人家推倒。十几岁时，男孩在操场上打篮球，与同伴发生碰撞与冲突是为了掌控球权，也是为了掌控在这个篮球场上的话语权与主导权。

有些男孩因为自我意识和竞争欲望的提升，习惯于用打架的方式来处理同学、同伴之间的矛盾。虽然这源于男孩的竞争心理，但是如果得不到正确有效的引导，很容易偏离正确的轨道。

爱使用武力的孩子可能会演变为校园霸凌者！

李学成绩优异，身材高大，尤其是体育成绩非常好，一直是班级的体育委员。可就在初二下学期，班里转来一个新学生，体育成绩也非常好，在市里拿过好几次长跑冠军。于是，初三一开始，这个新同学就向李学发起挑战——竞选体育委员。李学感觉自己受到了挑衅，心里非常愤怒，竟然与新同学动起手来，还把对方的手弄骨折了。结果，两人都失去了当体育委员的机会，还都受到了通报批评的处分。

还有一个男孩宇轩，以前是一个乖男生，在学校与同学们相处得都不错。可进入初中后，却总是与别人打架，开学只一个月，他已经和同学打了三次架。老师特意把宇轩妈妈找到学校谈话，说："这个孩子有些暴力倾向，与同学发生一点矛盾就动手。你们做家长的和我们做老师的都要好好引导和管教，否则后果很严重。"虽然妈妈对他进行了严厉的批评，并且还罚他连续两个周末不能出门玩，但是没过多长时间，他就又开始打架了。

遇到事情，孩子选择用打架的方式来解决，其实就是在潜意识里认为武力可以解决一切，可以树立自己的权威和影响力，能够让自己成为班级或小团体里的"老大"。爱使用武力甚至可能发展为校园霸凌，事实上，不管是小学、初中、高中还是大学，校园霸凌现象屡见不鲜。那些霸凌者，或是骄横跋扈、是非不分，或是想要彰显自己的权威，让别人乖乖听自己的话，或是习惯用暴力的方式来解决问题，总之，他们肆意地欺负别人，打骂、推搡、讥笑别人，暴露他人隐私，损毁他人形象，孤立和排挤别人。这些孩子因为自身心智发育不健全，自我约束能力差，容易冲动，并且对于霸凌行为造成的后果以及严重性没有清晰的认知，才导致了霸凌的发生。

如果用武力或暴力能征服他人，那么那些身体强壮、能打善斗的人早就征服这个世界了。不管在孩子的世界还是成年人的世界，一个人要想成为领导者，并且让同伴们信服，都不能使用武力或暴力。武力或许可以让别人屈服、害怕甚至不敢反抗，但是绝不能让别人心甘情愿地信任、跟随、响应。更为严重的是，男孩如果习惯于用简单粗暴的方式来解决问题，很容易影响与他人的人际交往，出现人际关系紧张等问题，阻碍未来的发展。父母必须认识到，在孩子的成长过程中可以支持和鼓励他们养成竞争心理，但是必须引导他们用正确的方式来"征服"他人。

给父母的建议

❶ 父母要正确引导男孩的竞争心理和竞争欲望

竞争心理和竞争欲望有积极的一面，但是如果发展过了头，就可能滋生嫉妒心、争强好胜心，甚至变得骄横跋扈、目中无人。过度膨胀的竞争心理，可能会让男孩形成强迫性竞争人格，而拥有这种人格的男孩，不是输不起，就是会为了赢而不择手段。

❷ 引导男孩修炼个人气场，提高个人魅力，进而扩大自己的影响力

一个男孩如果有个人魅力，有强大的气场，就算身材不高大、表现不突出，也能影响周围的小伙伴，让他们愿意听自己的话。个人魅力、气场由什么决定呢？很简单，自信、乐观、坚强、才华、友好、诚信、正直等。气场是一种隐形的能量。它不靠物质刺激和武力强迫，而靠个人魅力领导和影响他人。男孩，只要能做到有气场，就具有权威感和号召力，而这不是强制的，而是人们乐于接受的。

❸ 教会男孩换位思考，学会理解和关心他人

处于青春期的男孩，有这样的心理特征：一方面渴望别人理解自己、支持自己，一方面却又很少主动地去理解别人、支持别人。他们更多的是站在自己的立场上，考虑自己的利益和需求，很少理解和关心他人想要什么、想做什么。在团体中，这很容易导致人际交往的障碍和阻塞，无法用正确的沟通方式与同伴们沟通，无法用正确的方式表达自己，甚至导致矛盾和摩擦的产生，进而用简单粗暴的方式来解决问题。

因此，在教育孩子时，父母要多引导他们学会换位思考，理解、关心、宽容同伴，并且学会和谐地处理团体中的人际关系，与同伴公平友好地竞争。

刺激男孩的好胜心

　　一些男孩有极强的竞争心理,好胜心比较强。一些男孩则恰好相反,缺少竞争心理,好胜心比较弱。在这里我们只讨论好胜心的积极影响。男孩好胜心强,上进心也会强,会想方设法突显自己,在一些方面胜过别人、影响别人。同时,这样的孩子求知欲、挑战欲也非常强,越是难以完成的事情就越能激发他们的激情。好胜心强的孩子,通常比别人更努力,也比别人更优秀。好胜心不强的男孩却相反,不管在生活中还是在学习上,都不争不抢,虽然他们也很努力,但总是缺乏那么一股子冲劲。还有一些男孩,不思进取,不管用什么激励方法都无法触动他们,好像输赢与他们没有任何关系一样。

　　有些父母为了让孩子有上进心,或是表现更突出,会使用一些刺激孩子的方法,比如激发计。激发计也叫激将法,简单来说就是利用孩子的自尊心和逆反心理,用刺激的方法激起他们的好胜心和不服输的情绪,进而将其潜能发挥出来。

巧妙运用激将法激起孩子的好胜心！

爱因斯坦小时候成绩并不好，但是爱问叔叔一些奇奇怪怪的问题，他的叔叔叫雅各布，是一名工程师，也是数学爱好者，很愿意回答他的问题。12岁时，爱因斯坦对数学产生了强烈的兴趣，每天都钻研各种各样的难题，而雅各布叔叔也不断激励和引导他。

一天，雅各布叔叔给爱因斯坦讲代数题。雅各布说："解代数题就像是打猎一样，那头藏在树林里的野兽，你把它叫作x，然后一步步逼近它，抓住它，问题就解决了！"这之后，爱因斯坦迷上了这种藏有x的趣味数学题，一有时间就在纸上又写又画。有一天，雅各布叔叔在纸上画了一个直角三角形，在各个角的顶点标上A、B、C，并写出$AB^2+BC^2=AC^2$这样的公式。然后，他对爱因斯坦说："这就是大名鼎鼎的毕达哥拉斯定理，早在两千多年前就被证明出来了。你也来试试吧！让我看看两千多年后的阿伯特到底能不能证明出来。"

此时的爱因斯坦还从来没有接触过几何，对于几何一无所知。但是，爱因斯坦有强烈的自尊心，并且生性好强，不愿意认输。被雅各布叔叔这样一激，更有了不证明出来不罢休的架势和决心。他想："两千多年前的人都能做到的事情，难道我就做不到吗？"于是，他每天苦苦思索，努力寻找证明的方法，一个星期过去了，两个星期过去了，一点进展都没有。但是他并不气馁，反而生出一股蛮劲，终于在第三个星期把这个定理证明出来了。

雅各布叔叔在引导爱因斯坦钻研几何问题时，巧妙地利用了激发计，用"让我看看两千多年后的阿伯特到底能不能证明出来"这句话刺激了爱因斯坦的自尊心、好胜心、好强心，促使他发挥身上最大的潜力和精神能量，完成了看似不可能完成的任务。雅各布叔叔对于爱因斯坦的激发之所以能奏效，是因为人体内存在着一种高级的神经系统，能敏感地接收和反映外界的某种刺激，引起身体内部物质的分泌，进而影响人的情绪、思想与行动。而从心理学上来说，每个人都有强烈的自尊心和自重感，当受到怀疑、质疑、否定等刺激后，这种自尊、自重感就会受到压抑，迫使人产生强烈的欲望，把它们释放出来，进而形成一种好胜心理。

当然，想要这一计策产生好的效果，要求被刺激的男孩有较强的自尊心和好胜心，有一股不服输的精神。如果男孩本身不要强，那么就算父母再怎么刺激，恐怕也不会有好效果。同时，对于内心比较敏感的男孩，这种方法也不适用，因为内心敏感的孩子，心理也很脆弱，会过于在乎别人的评价。如果遇到好的评价，他们可能会开心、自豪，可一旦遇到负面的评价，就会负面情绪暴增，变得自卑、懦弱，甚至可能直接崩溃。

另外，刺激要把握好尺度，言辞不能过于激烈，更不能把激发变成一种贬低和侮辱。好的激发，能把孩子的积极性调动起来，把所经受的刺激转化为"精神能源"，一心想要证明自己是最棒的。然而过度或带有贬低意味的刺激，不仅不能让人发奋，还可能伤害到孩子，让孩子的自信和尊严受辱，进而做出过激的反应。

孩子没有动力，表现欠佳，确实可以利用刺激他们自尊心的方式来激发一下，但是不顾及孩子的实际情况，忽视了孩子的心理承受能力，激将变成了辱将，那么带来的就不是动力与激情了，反而可能适得其反，甚至产生严重的后果。

现实生活中有很多类似的例子。一个孩子成绩差，天赋平平，父母大声地责骂他："你这次考试要是考不好，以后别进这个家门。"结果，孩子羞愧、自卑、恐惧涌上心头，竟然真的不敢回家了……

教育男孩并不是一件容易的事情，激发男孩不断努力进取，发挥身上的最大潜能，更不是一件容易的事情。在一些家长看来，通过激发孩子的好胜心来起到教育的作用是最好不过的，因为这比管教、督促、打骂更有效，而且还不会引起纷争。最主要的是，他们认为这种方法还非常简单。但是他们忘了，孩子只是孩子，尤其是年龄比较小的男孩，是非观念并不强，认知能力也不高，无法分辨负面话语的真正含义，所以对于父母的一些话理解不了也接受不了。尤其是当父母的话带有贬低、辱骂的成分时，就更容易让孩子的人格、尊严受到伤害，进而失去信心与希望，更别说努力和进取了。

　　每个孩子的承受力是有一定限度的，超过这个限度，孩子就会被压垮。因此，父母可以巧妙地运用激发计，刺激孩子的好胜心、竞争欲望，但是必须保证在这个限度之内。同时，使用激发计之后，还应该及时鼓励和表扬孩子的进步，让他们有成就感和自豪感，进而更有动力与激情。